Topos plus **Taschenbücher**
Band 405

Topos⁺ˡᵘˢ positionen

Herausgegeben von Wolfgang Beinert

Klaus Müller

Gott erkennen
Das Abenteuer der Gottesbeweise

Topos plus Taschenbücher

Topos plus Verlagsgemeinschaft

Butzon & Bercker, Kevelaer | Don Bosco, München
Echter, Würzburg | Verlag Katholisches Bibelwerk, Stuttgart
Lahn-Verlag, Limburg Kevelaer | Matthias-Grünewald-Verlag, Mainz
Paulusverlag, Freiburg Schweiz | Friedrich Pustet, Regensburg
Styria, Graz Wien Köln | Tyrolia, Innsbruck Wien

Die Deutsche Bibliothek – CIP-Einheitsaufnahme
Ein Titeldatensatz für diese Publikation
ist bei Der Deutschen Bibliothek erhältlich.

© 2001 Verlag Friedrich Pustet, Regensburg
Originalausgabe
Kein Teil des Werkes darf in irgendeiner Form
(durch Fotografie, Mikrofilm oder ein anderes Verfahren)
ohne schriftliche Genehmigung des Verlages
reproduziert, vervielfältigt oder verbreitet werden

Einband- und Reihengestaltung
Akut Werbung GmbH, Dortmund
Herstellung: Pustet, Regensburg
Printed in Germany

Topos^{plus} - Bestellnummer: 3-7867-8405-1

Für
Thomas Pröpper
zum 60. Geburtstag

Inhaltsverzeichnis

Einleitung 9

**1. Geschichtliche und zeitgenössische Längsschnitte
zur philosophischen Gottesfrage** 13
    Der strittige Ort der philosophischen Gottesfrage . 14
    Anspruch und Funktion von „Gottesbeweisen" . . 22
    Der Gang der klassischen Argumentfiguren 27

2. Die „quinque viae" des Thomas von Aquin . . . 34
    Erster Weg 34
    Zweiter Weg 40
    Dritter Weg 41
    Vierter Weg 42
    Fünfter Weg 43

3. Das ontologische Argument 46
    Die ursprüngliche Version und ihre Kritik 46
    Die cartesianische Reformulierung 51
    Der Einwand Kants 57
    Proslogion III 61
    Zeitgenössische Auseinandersetzungen mit dem
        ontologischen Argument 64

4. Der moralische Gottesbeweis 73
    Die Perspektive der praktischen Vernunft 79
    Das Theodizee-Problem 86
    Der hermeneutische Zirkel in Kants Gottesgedanke 91

5. Gottesbeweise nach Kant 93
    Neuauflagen des kosmologischen Arguments . . . 94
    Eine wahrscheinlichkeitstheoretische Formulierung
        der Gottesbeweise 102

Resümee 116

Stichwort Gottesbeweise 117
Anmerkungen 120
Kleines Wörterbuch 129
Auswahlbibliographie 134
Bildnachweis 137
Register 138

Einleitung

In der Eröffnungsgeschichte von Gilbert Keith Chestertons „The Innocence of Father Brown"[1] von 1911 verkleidet sich der berüchtigte Gauner Flambeau als Priester, um anlässlich eines theologischen Kongresses dem (scheinbar) tollpatschigen Dorfpfarrer Father Brown ein diesem zum Transport anvertrautes kostbares Reliquiar abzuluchsen. Im Zuge vertrauensbildender Maßnahmen des Ersteren kommt es zwischen den beiden „Mitbrüdern" natürlich auch zu theologischen Gesprächen. Angesichts eines strahlenden Sternenhimmels meint der falsche Priester unter anderem: „Ach ja, diese modernen Ungläubigen rufen ihre Vernunft an; wer aber kann diese Millionen von Welten anschauen und nicht empfinden, dass es über uns wunderbare Universen geben mag, in denen Vernunft vollkommen unvernünftig ist?' ‚Nein', sagte der andere Priester; ‚Vernunft ist immer vernünftig, selbst in der letzten Vorhölle, jenem verlorenen Grenzland der Dinge. Ich weiß, dass viele der Kirche vorwerfen, sie setze die Vernunft herab, aber es ist genau umgekehrt. Auf Erden räumt nur die Kirche allein der Vernunft ihre wahre Hoheit ein. Auf Erden bekräftigt nur die Kirche allein, dass Gott selbst durch die Vernunft gebunden ist.'"[2] Am Ende der Geschichte, nachdem Father Brown Flambeau enttarnt hat, wird er von diesem gefragt, woran er denn erkannt habe, dass es sich bei ihm um einen falschen Priester handle. „Sie haben die Vernunft angegriffen', sagte Father Brown. ‚Das ist schlechte Theologie.'"[3]

Dieses Vertrauen in die Reichweite der Vernunft bildet den Horizont, unter dem im Gang der abendländischen Philosophie und Theologie jene Denkfiguren entfaltet worden sind, die – nicht sehr glücklich – „Gottesbeweise" heißen. Gespeist auch aus nicht-biblischen und vorchristlichen Motiven entstanden Argumente, die der philosophischen

Vergewisserung des Daseins Gottes dienten. Diejenigen, die solche Gedanken fassten, waren immer überzeugt, dass der Gott, von dem diese philosophische Erkenntnis handelt, mit dem Gott der biblischen Offenbarung identisch sei. Andere – wie etwa Blaise Pascal (1623–1662) – mochten dem nicht folgen und hielten solche natürliche Gotteserkenntnis ohne Jesus Christus für nutzlos und unfruchtbar.[4] Wieder andere – so Johann Gottlieb Fichte (1762–1814) – lehnten Gottesbeweise als unnötig und unmöglich ab: als unnötig deswegen, weil der Glaube nicht erst durch Beweisverfahren in den Menschen hineingebracht werden müsse, sondern sich als Gewissheit, moralisch bestimmt zu sein, immer schon in ihm vorfinde; und als unmöglich, sofern diejenigen, die einen Gottesbeweis führen, ja selbst nur Menschen seien – woher sollten sie dann an Übermenschlichem nehmen, was sie kraft Beweis weitergeben möchten?[5] Umstritten sind Gottesbeweise bis heute geblieben. In der gegenwärtigen Theologie spielen sie eine eher randständige Rolle. Anders in Teilen der zeitgenössischen Philosophie: Immer wieder kommt es zu Reformulierungen, in denen die logische Stimmigkeit der klassischen Argumente diskutiert wird und umgekehrt die Gottesbeweise zu Testfällen für die Reichweite philosophischer Vernunft avancieren. Zum Panorama der einschlägigen Projekte gehört auch, dass es gelegentlich zur Entfaltung ganz neuer, in der Tradition noch nicht bekannter Argumente kommt. Eine prominente – wenn auch meist umstrittene – Rolle spielen dabei naturwissenschaftlich-kosmologische Argumente; aber auch solche logischer und genuin philosophischer Herkunft fehlen nicht. Die nachfolgenden Überlegungen verbinden auf der Basis grundsätzlicher Erwägungen zum Begriff des Gottesbeweises und der Kontexte seines Aufkommens eine Einführung in die klassischen Denkfiguren mit einer Übersicht über die zentralen Züge der zeitgenössischen Diskussionen.

Der jüdische Religionsphilosoph Leo Strauss schrieb am 15.08.1946 in einem Brief an seinen Kollegen Karl Löwith:

„Husserl sagte mir einmal, als ich ihn wegen der Theologie befragte: ‚Wenn es ein Datum Gott gibt, werden wir es beschreiben.' [...] Die Schwierigkeit ist, daß die, die etwas von Gott zu wissen glauben, bestreiten, daß er ein beschreibbares Datum ist."[6] Ein Jahr später – 1947 – erschien posthum die Aphorismensammlung „La Pesanteur e la Grâce" (Schwerkraft und Gnade) von Simone Weil. Dort heißt es u. a.: „Wir wissen vermittels der Vernunfteinsicht, daß dasjenige, was die Vernunft nicht erfaßt, wirklicher ist als dasjenige, was sie erfaßt."[7] Im Areal zwischen diesen beiden Demarkationslinien sind die Denkfiguren beheimatet, die „Gottesbeweis" heißen. Es sind Grenzgedanken. Grenzgedanken zeichnet aus, dass, wer sie denkt, immer schon mit einem Bein jenseits ihrer steht. Sonst wüsste er oder sie nichts davon, dass es um einen Grenzgedanken geht. Gottesbeweise fassen also einen Gottes*gedanken* und erwägen zugleich, von woher die Frage beantwortet werden könnte, ob diesem Gedanken eine *Wirklichkeit* entspricht. Die folgenden Seiten verstehen sich als Einladung und Anleitung zu einem solchem Grenzgang.

> „Der Mensch soll sich nicht genügen lassen
> an einem gedachten Gott;
> denn wenn der Gedanke vergeht,
> so vergeht auch der Gott."[8]

Münster, am Fest des hl. Joseph 2001

1. Geschichtliche und zeitgenössische Längsschnitte zur philosophischen Gottesfrage

Das Aufkommen einer philosophischen Theologie hat nicht zuletzt mit der die Neuzeit miteinleitenden Krise der überkommenen metaphysisch-theologischen Traditionen zu tun: Man sucht zur Stabilisierung des Glaubens an den geoffenbarten Gott nach einer unabhängig von den Offenbarungstexten gewonnenen Gotteserkenntnis, die als so genannte „natürliche" Theologie der übernatürlichen Offenbarungstheologie parallelisiert bzw. gegenübergestellt wird. In diesem Sinn spricht als erster Francisco Suarez (1548–1617) von „theologia naturalis". Unter diesem Titel wird eine systematische philosophische Gotteslehre entfaltet, deren Grundriss zwei Frageperspektiven festlegen: „An Deus sit?" und „Quid Deus sit?" – „Ob Gott existiert" und „Was er ist". Erstere Frage wird abgehandelt in Gestalt der so genannten Gottesbeweise, die zweite als Traktat über die Eigenschaften, die Gott mit philosophischen Mitteln zugeschrieben werden können. Der mehr oder weniger direkte Versuch, dabei auch biblische Aussagen über Gott philosophisch zu reformulieren oder biblische Motive, die im Widerspruch zu philosophischen Gottesprädikationen stehen oder zu stehen scheinen, mit diesen zu vermitteln, führte bisweilen zu seltsamen theologischen Verrenkungen. Wie etwa soll die philosophisch für ein vollkommenes Sein geforderte Unveränderbarkeit mit dem geschichtlichen Sich-Offenbaren Gottes in Menschwerdung und Ostergeschehen zusammengebracht werden?

Der strittige Ort der philosophischen Gottesfrage

Die katholische spät- und neuscholastische Zuspitzung des philosophischen Gottesgedankens auf die Beweisbarkeit Gottes erfuhr eine ihrerseits nicht weniger radikale Zurückweisung von innertheologischer, aber außerkatholischer Seite, nämlich durch Karl Barth (1886–1968). Barth gehörte zu den Begründern der so genannten „Dialektischen Theologie", die sich als Antwort auf die epochale Krisensituation nach dem Ersten Weltkrieg verstand. Barth und andere sahen durch die Gräuel des Krieges und seine Folgen das vorausgehende Denken, gerade auch das theologische, erledigt und forderten gegen alle selbst gemachten und zeitangepassten Vorstellungen von Gott und Religion eine kompromisslose Rückkehr zum Wort der Heiligen Schrift und zum Glauben. Der Mensch – so Barth – ist dermaßen durch und durch Sünder, und zwar durchaus auch mittels seiner Vernunft Sünder, dass diese Vernunft absolut unfähig ist, aus sich etwas von Gott zu erkennen. Was sie sich an religiösen und theologischen Sätzen anmaßt, kann darum nur noch als Götzendienst qualifiziert werden. In ganz besonderer Weise verfällt diesem vernichtenden Urteil natürlich das katholische Programm einer natürlichen Theologie mit seinem für Barth gotteslästerlichem Reizwort „Analogia entis". Gemeint ist damit die Vorstellung, dass man von bestimmten Eigenschaften des Geschaffenen auf Eigenschaften des Schöpfers schließen darf. Von ihr schrieb er gleich im Vorwort des ersten Bandes seiner monumentalen „Kirchlichen Dogmatik" 1932:

> „Ich halte die *analogia entis* für die Erfindung des Antichrist und denke, daß man ihretwegen nicht katholisch werden kann. Wobei ich mir zugleich erlaube, alle anderen Gründe, die man haben kann, nicht katholisch zu werden, für kurzsichtig und unernst zu halten."[9]

Grundgelegt war diese Sicht jedoch bereits 1919 durch Barths Werk „Der Römerbrief", mit dem er binnen kürzester Zeit bekannt wurde; das Buch ist weniger ein Kommentar zu einem neutestamentlichen Text als vielmehr ein Fanal jener denkerischen Umorientierung, die ersichtlich so tief ins Philosophische reicht, dass man den „Römerbrief" de facto als primär philosophisches Werk lesen muss. Wenn es denn etwas von Gott zu erkennen gibt, dann einzig deswegen, weil Gott sich selber kenntlich macht als sich Offenbarender – was freilich mit einer gleichzeitigen Zerschlagung aller menschlichen Gottesgedanken einhergehen muss. Gotteserkenntnis geschieht damit allein aus Gnade, ohne jede natürliche Hinordnung des Menschen auf ein mögliches Sichmitteilen dieses Gottes.

Ich gehe an dieser Stelle nicht weiter auf die internen Probleme dieser Konzeption ein, ebenso wenig darauf, dass es in zeitlicher Verschiebung auch innerkatholisch zu einer umfänglichen und heftigen Diskussion um das Verhältnis von Natur und Gnade kam, an dem sich die besten katholischen Theologen der ersten Hälfte des 20. Jahrhunderts nahezu ausnahmslos beteiligten (obwohl viele sich dabei lehramtliche Beanstandungen einhandelten). Und ich spreche auch nicht ausführlicher davon, dass Karl Barth 27 Jahre nach jenem Verdikt im ersten Band der „Kirchlichen Dogmatik" im letzten von ihm fertig gestellten Band des Werkes dann doch die – immer noch als einzige begriffene – Wahrheit Christi auch in außerchristlichen Wahrheiten präsent sehen und von geschöpflichen Lichtern als zumindest einem Reflex des Offenbarungslichtes sprechen kann – ohne dass Barth im Übrigen diese unübersehbare Verschiebung in seiner Konzeption als solche kenntlich gemacht hätte.

Für den Zusammenhang unserer Überlegungen nimmt sich ungleich wichtiger aus, dass das Projekt einer natürlichen oder philosophischen Theologie längst nicht erst in Gestalt seiner katholisch-neuscholastischen Zuspitzung Widerspruch erfährt – und auch nicht nur von theologischer

Seite. Längst vorher schon melden sich kritische Stimmen zu Wort, und zwar logischerweise ab dem Zeitpunkt, da das Problem einer philosophischen Theologie als solches profiliert hervortritt, und: es sind philosophische Stimmen.

Im strengen Sinn zum Problem gemacht hat das Thema Immanuel Kant (1724–1804). Er, der selbst in seiner so genannten vorkritischen Zeit 1763 eine Abhandlung mit dem Titel „Der einzig mögliche Beweisgrund zu einer Demonstration des Daseyns Gottes" vorlegt, schließt mit seiner „Kritik der reinen Vernunft" von 1781 die Möglichkeit eines solchen Unterfangens im Raum der theoretischen Philosophie wegen der begrenzten Reichweite des menschlichen Erkenntnisinstrumentars prinzipiell aus: Weil es für Menschen wirkliche Erkenntnis nur im Zusammenspiel mit Sinneserfahrung geben kann, Gott aber nicht in den Bereich der Sinneserfahrung gehört, ist es unmöglich, auf verlässliche Weise – also so wie von den Gegenständen der Welt – etwas von ihm zu erkennen. Jedoch weist Kant dem Gottesgedanken im Raum der praktischen Philosophie, also dem der Ethik, einen gänzlichen neuen Status zu: Er sichert als Postulat – als unumgängliche Annahme – die Vernünftigkeit moralischen Lebens (viel mehr dazu später).

Kants radikaler Einspruch gegen die Möglichkeit einer philosophischen Theologie im Sinn von Gottesbeweisen zeitigt – systematisch gesehen – zwei gänzlich verschiedene Reaktionsmuster. Die einen sind überzeugt, dass so etwas wie eine philosophische Theologie sowohl möglich wie auch nötig ist und machen sich darum unter kritischem Bezug auf Kant im Sinn einer radikalen Fortschreibung seines kritischen Programms auch an eine Neufassung der Gottesbeweisproblematik. Die anderen reagieren auf Kant mit der ungleich kühneren These, dass so etwas wie eine philosophische Theologie weder möglich, geschweige denn nötig sei. Diese Debatten wurden zwischen 1781 (dem Erscheinen von Kants „Kritik der reinen Vernunft" und dem Tod G.E. Lessings) und 1831/32 (dem Tod G.W.F. Hegels bzw. J.W.v.

Goethes) im „Pantheismusstreit", im „Atheismusstreit" und im „Streit um die göttlichen Dinge" ausgetragen. Durch diesen Hinweis auf innerphilosophische Zurückweisungen einer philosophischen Theologie gewinnt das Profil eines solchen Programms erst eigentlich seine Tiefenschärfe, insofern es seine ihm in der Tradition seit Platon zugewachsene Selbstverständlichkeit verliert. Und überdies kommt damit in Blick, dass die wohl radikalste Metaphysikkritik des 20. Jahrhunderts hinsichtlich ihres zentralen Motivs in keiner Weise als neu gelten kann, so sehr das gleichwohl für die Konsequenzen zutrifft, die sich mit ihr verbinden.

Bei dieser radikalsten Metaphysikkritik der Philosophie der Gegenwart handelt es sich nämlich nicht – wie man vielleicht im ersten Moment annehmen möchte – um diejenige des Neopositivismus oder Logischen Empirismus eines Rudolf Carnap (1891–1970) und anderer Vertreter dieser Denkform. Für diesen Anspruch der Radikalität lässt sich diese Form an strenger empirischer Wissenschaftlichkeit orientierten Philosophierens viel zu leicht aushebeln. Ihre Grundlage, das Verifikationsprinzip, scheitert an der Anwendung auf sich selbst: Wenn gemäß diesem Prinzip nur logische und empirisch ausweisbare Sätze Anspruch auf Wahrheit und Wissenschaftlichkeit erheben können und alle anderen – etwa ethische, metaphysische, ästhetische oder religiöse – Sätze als sinnlos zu gelten haben, welche Satzqualität eignet dann dem Verifikationsprinzip selbst? Ist es ein logischer Satz? Nein. Ein empirisch auszuweisender? Nein. Etwa ein metaphysischer? „Gott bewahre!", würde ein Logischer Empirist antworten. Aber was dann? Eine Antwort bleibt aus. Von Radikalität keine Spur.

Ungleich anders verhält es sich – was die Radikalität der Metaphysikkritik betrifft – mit Martin Heidegger (1889–1976). Er hat je später, je mehr die gesamte abendländische Metaphysik angefangen von Platon bis Friedrich Nietzsche, dem letzten großen antimetaphysischen Metaphysiker, der noch in Heideggers Lebensspanne hineinreichte, als verfehlt verworfen. Der entscheidende Vorwurf in der Diktion Heideggers lautet: Die Metaphysik habe die Differenz zwischen Sein und Seiendem ungedacht gelassen und sei damit einer Seinsvergessenheit verfallen, sodass sie auch das Sein als Seiendes, nämlich als höchstes Seiendes gedacht und als solches auch mit Gott identifiziert habe. Daher durchherrsche die gesamte abendländische Metaphysik eine onto-theologische Grundstruktur. Genau die aber verfehle notwendig den Sinn dessen, wofür in der Sprache das Wort „Gott" stehe. Und eine christliche Theologie, die sich des Reflexionsinstrumentars etwa eines Aristoteles bediene, verrate und verstelle ihre eigene Sache.

Unbeschadet mancher biographischer Motive, die in diesem Zusammenhang auch eine Rolle spielen, hat sich darum der frühe Heidegger daran gemacht, unter Rückgriff auf vorplatonische, d. h. vorsokratische wie auf urchristliche, also noch nicht durch Philosophie verstellte, Motive unter methodischer Maßgabe des von Edmund Husserl (1859–1938) entwickelten phänomenologischen Ansatzes eine der so genannten ontologischen Differenz zwischen Sein und Seiendem gewärtige Welt- und Selbstbeschreibung zu entwickeln. Das Ergebnis war das – in sich alles andere als unproblematische – Werk „Sein und Zeit" von 1927. Dass Heideggers Metaphysikkritik und damit seine Denkbewegung als ganze ihr ursprüngliches operatives Zentrum in der Kritik der Onto-Theologie, also des Unternehmens einer philosophischen Theologie hat, wird bereits in ganz frühen Vorlesungen greifbar, in denen Heidegger die ersten Grundbegriffe für „Sein und Zeit" zu gewinnen beginnt – was übrigens in bemerkenswerter zeitlicher Nähe zu Barths Wortmeldung im „Römerbrief" geschieht. In den erhaltenen Unterlagen[10] tauchen von Anfang an und untrennbar verbunden mit der Explikation erster Grundbegriffe für „Sein und Zeit" kritische Bemerkungen zur philosophischen Theologie generell und zum Thema „Gottesbeweise" speziell auf. Heißt es da zunächst nur allgemein, der Gottesbeweis sei nichts ursprünglich Christliches, sondern sei vom Griechischen her ins Christliche eingedrungen[11], so nimmt die Auseinandersetzung im weiteren Fortgang an Schärfe zu bis zu einer im Ton mit Barth gleichziehenden Polemik: Die Berufung auf Röm 1,20, wie sie ja genau in dem Text des I. Vatikanischen Konzils (1869–1870) vorkommt, der erstmals die sichere Erkenntnis Gottes durch die Vernunft dogmatisch festschreibt[12] und auf der die Ausrichtung der christlichen Lehre an der griechischen Philosophie aufruhe, brandmarkt Heidegger als völliges Missverständnis des Paulus – ein Missverständnis, dem einzig ein Martin Luther ausweislich der Heidelberger Disputation von 1518 entgangen sei.[13] Voll zum Durchbruch kommt Heideggers Frontalopposition gegen alle natürliche Theologie in der interpretierenden Reformulierung von Augustinus' Satz, dass Gott dem Befragtwerden durch Menschen ungetrübt antworte, aber keiner ungetrübt höre.[14] Heidegger dazu erläuternd:

> „Oder daß man Dich in billigen Blasphemien zum Objekt von Wesenseinsichten macht – was noch um einige Grade schlimmer ist als die überlegen kritisierten Gottesbeweise – und auf Deine Kosten den religiösen Erneuerer spielt. Es hängt also alles am eigentlichen Hören, am *Wie* der Fragehaltung, des Hörenwollens. Nicht, daß überhaupt nur von Dir herumspekuliert wird in bequemer Neugier. Alle holen dort – *von dorther* sie etwas wollen – Rat, aber nicht immer *hören* sie das, was sie eigentlich wollen. Sie nehmen das, worum sie gerade bemüht sind, als das Eigentliche, ohne Frage, d.h. sie wollen *daraufhin* etwas hören, d.h. im Grunde vermögen sie gar nicht zu hören, sich *offenzuhalten*."[15]

Das ist eine Generalabsage an alles Fragen „An Deus sit (Ob Gott ist)?" und „Quid Deus sit (Was Gott ist)?", also an Gottesbeweis und Wesenslehre, weil diese Frageform nach Heidegger an sich bereits das Befragte völlig verfehlt. Und der entscheidende Fehler – das geht noch deutlicher aus anderen Passagen hervor – besteht darin, mit Blick auf Gott Vergewisserung zu suchen und darin nichts anderes als Selbstvergewisserung zu betreiben. Die urchristliche Lebenserfahrung aber habe dem gegenüber aufgedeckt, dass Unsicherheit charakteristisch für das menschliche Dasein und insofern notwendig sei.[16] Im Austüfteln göttlicher Wesensprädikate und im Gottesbeweis verfehlt der Mensch darum nicht nur Gott, sondern gleichermaßen sein eigenes Dasein. Und eben das lässt Heidegger bereits in Aufzeichnungen für die Vorlesung vom Winter 1920/21 zu der Prognose kommen:

> „Es wird nicht zu vermeiden sein, daß die Aufdeckung der Phänomenzusammenhänge die Problematik und Begriffsbildung von Grund aus ändert und eigentliche Maßstäbe beistellt für die *Destruktion* der christlichen Theologie und der abendländischen Philosophie."[17]

Zwar hat Heidegger mit den frühen Vorlesungen seine Auseinandersetzung mit der Religionsphilosophie auch bereits wieder beendet, gleichwohl bleibt er der damals gewonnenen Überzeugung systematisch gesehen konsequent verpflichtet. 20 Jahre nach seiner Antrittsvorlesung von 1929 „Was ist Metaphysik?" stellt er deren fünfter Auflage eine Einleitung voran, die nochmals die von ihm gesuchte radikale Neufassung der Seinsfrage ausdrücklich als Kritik des onto-theologischen Charakters der überkommenen Metaphysik charakterisiert.[18]

Noch zweimal kommt Heidegger an prominenter Stelle darauf zurück: Zum einen im Zusammenhang der Erwägungen von „Identität und Differenz", zwei ursprünglich eigenständigen Beiträgen aus dem Jahr 1957, die als ungleich wichtiger gelten müssen, als ihr schmaler Umfang vermuten lässt. Zum anderen in dem von Heidegger selbst erst zu posthumer Publikation freigegebenen, fünf Tage nach seinem Tod am 31. Mai 1976 erschienenen, aber schon knapp zehn Jahre vorher aufgezeichneten, legendären Spiegel-Interview mit dem Titel „Nur ein Gott kann uns retten". Darin hat Heidegger die schon in „Identität und Differenz" unübersehbar gewordene Wendung zu einer nachreligiösen wie gleichermaßen nachmetaphysischen Rede von „dem

Gott" besiegelt.[19] „Nachreligiös" wie „nachmetaphysisch" meint: Heidegger zeigt sich überzeugt, dass die traditionelle Religion (und erst recht ihre Theologie) epochal genauso ausgespielt hat und verschlissen ist wie die philosophische Theologie der metaphysischen Tradition mit ihrem höchsten Seienden und ihrer „causa sui", ihrem sich selbst genügenden Grund, womit er nochmals direkt auf die Gottesbeweis-Denkfigur eingeht:

> „[…] Causa sui. So lautet der sachgerechte Name für den Gott in der Philosophie. Zu diesem Gott kann der Mensch weder beten, noch kann er ihm opfern. Vor der Causa sui kann der Mensch weder aus Scheu ins Knie fallen, noch kann er vor diesem Gott musizieren und tanzen.
> Demgemäß ist das gott-lose Denken, das den Gott der Philosophie, den Gott der Causa sui preisgeben muß, dem göttlichen Gott vielleicht näher." [20]

Wer oder was aber ist dieser göttliche Gott? Allem Anschein nach seinem Wesen nach Verborgener oder Verborgenes, das oder der wie eine unentrinnbare Naturgewalt in einer Art adventlicher Geschichtsmächtigkeit über den Menschen kommt und von diesem nur gehorsam angenommen werden kann. Heideggers anfängliches Bemühen um die Wiedergewinnung der authentisch christlichen Daseinserfahrung kehrt sich in eine nach-christliche und außerphilosophische Rede von einem göttlichen Gott – das viele nur noch als ein Raunen und der Heidegger-Schüler Hans Jonas, ein gläubiger Jude, als Ausdruck eines wiederkehrenden Heidentums wahrnehmen konnten (andere haben sich diesbezüglich an christlichen Rettungsversuchen versucht).[21] Als Konstante hinter aller Kehre steht die kategorische Ablehnung einer philosophischen Theologie mit dem Gottesbeweisgedanken als ihrem Rückgrat.

Damit ist eine ausgesprochen komplexe Verortung der philosophischen Gottesfrage zu konstatieren: Theologisch ist sie eingespannt zwischen eine sogar amtlich bestätigte Fundamentalfunktion einerseits (vgl. I. Vatikanisches Konzil) und dem radikalen Einspruch gegen ihre schiere Möglichkeit andererseits. Die gleiche Überzeugung tritt mit nicht geringerer Schärfe auch philosophisch auf den Plan und wendet sich gegen die Selbstverständlichkeit, mit der in einem breiten Traditionsstrom westlicher Metaphysik diese als Wissenschaft vom Seienden als Seienden in einem Gottesgedanken in fundierendem Sinn zum Abschluss gebracht wird. Und im Zentrum dieses kreuzweisen Spannungsverhältnisses: das, was „Gottesbeweis" heißt. Worum aber geht es eigentlich genau bei der solchermaßen strittigen Denkfigur?

Anspruch und Funktion von „Gottesbeweisen"

Für die Mehrheit der Zeitgenossen von heute hat allein schon der Ausdruck „Gottesbeweis" einen ungutem Beigeschmack. Viele, die einen agnostischen oder gleichgültigen Standpunkt in der Gottesfrage einnehmen, halten ein solches Unternehmen von vornherein für sinnlos und für den Ausdruck maßloser Selbstüberschätzung religiöser und theologischer Diskurse. Viele andere – zumal Menschen, die ihr Leben religiös interpretieren und sich in die Perspektive eines Glaubens stellen – hegen eine seltsam ähnliche Ansicht, nur mit umgekehrten Vorzeichen: Mit Gottesbeweisen, sagen sie, maßt sich Vernunft Erkenntnis über etwas an, das nur dem Glauben und religiöser Erfahrung zugänglich sei. Beide Positionen kommen darin überein, aus mangelnder Kenntnis der Sache selbst fundamentalen Missverständnissen aufzusitzen – und zwar bezüglich des zweiten Teils des Ausdrucks, also „-beweis", nicht anders als hinsichtlich des ganzen Begriffs „Gottesbeweis".

Denn: (a) Bereits rein wissenschaftlich wie philosophisch ist Beweis nicht gleich Beweis. Im weiteren Sinn heißt „Beweis" die strenge Begründung einer Behauptung, im engeren Sinn der gültige Schluss, d. h. dass etwas aus wahren Prämissen oder wahr angenommenen Hypothesen oder unbeweisbaren Axiomen korrekt gefolgert wird. Außerdem muss die Beweisbarkeit eines Satzes innerhalb eines Axiomensystems unterschieden werden von der Beweisbarkeit dieses Satzes überhaupt. In diesem Zusammenhang ist eines der nach ihrem Entdecker so genannten Gödelschen Theoreme von größter Bedeutung: der Unvollständigkeitssatz. Der Mathematiker Kurt Gödel (1906–1978) erbrachte den Beweis, dass kein formales System, z. B. die elementare Zahlentheorie, mit seinen eigenen formalen Mitteln seine Widerspruchsfreiheit zu beweisen vermag. Oder anders gesagt: Nicht einmal die Widerspruchsfreiheit der Mathematik kann mit endlichen Mitteln und allein den Mitteln des gegebenen Systems bewiesen werden. Bereits philosophisch geht der Begriff des Beweises also keineswegs mit dem Gedanken der Lückenlosigkeit, der absoluten Voraussetzungslosigkeit und damit mit dem einer letzten Erzwingbarkeit einher. Das durchschnittliche Verständnis von „Beweis" unterliegt einem durchaus naiven wissenschaftsgläubigen Vorurteil.

(b) Damit erweist sich das, was „Gottesbeweis" näherhin meint, als eine durch ihren spezifischen Sachbereich strukturierte Argumentationsform, die wie alle anderen Beweise auch ihre Voraussetzungen hat. Die fundamentalste dieser Voraussetzungen benennt Thomas von Aquin (1224/5–1274) gleich eingangs seiner „Summa theologiae". Er fragt sich, ob die Existenz Gottes etwas durch sich Bekanntes sei. Das ist nicht der Fall, sofern zu etwas durch sich Bekanntem nicht das Gegenteil gedacht werden kann. Ebendies aber tut, wer die Nicht-Existenz Gottes behauptet (und das geht in keiner Weise mit einem logischen Fehler einher). Daraus zieht Thomas (in der für ihn typischen Form der Distinktion) folgende Konsequenz:

„Etwas kann ‚selbst-verständlich' sein in doppelter Weise: einmal so, daß es zwar in sich selbst-verständlich ist, aber nicht für uns [gemeint: für unser Erkenntnisvermögen; K.M.]; ein zweites Mal so, daß es auch für uns selbst-verständlich ist. Ein Satz ist nämlich dann von selbst einleuchtend, also selbst-verständlich, wenn das Prädikat im Begriff des Subjekts eingeschlossen ist, wie z. B. bei dem Satz: Der Mensch ist ein Sinnenwesen. Denn das Prädikat Sinnenwesen ist in dem Begriff ‚Mensch' notwendig enthalten. Wenn nun alle wissen, was mit dem Prädikat und dem Subjekt im Satz gemeint ist, dann ist auch die Wahrheit des Satzes allen von selbst einleuchtend. […] Wenn aber die Bedeutung von Subjekt und Prädikat nicht allgemein bekannt ist, so wird zwar der Satz für sich [d. h. von der Sprache her gesehen] selbstverständlich sein, nicht aber für jene, die die Bedeutung von Subjekt und Prädikat nicht kennen. […] Also ist der Satz: Es gibt einen Gott – von selbst einleuchtend, also selbst-verständlich, denn es wird später gezeigt werden, daß Prädikat und Subjekt dieses Satzes eins sind: Gott nämlich ist sein Dasein. Weil wir aber nicht wissen, was Gott ist, so ist der Satz vom Dasein Gottes für uns nicht selbst-verständlich, muß vielmehr bewiesen [demonstrari; K.M.] werden aus den Wirkungen Gottes, die zwar der Ordnung der Natur nach später als die Ursache, also weniger selbst-verständlich, unserem Erkennen aber früher gegeben als die Ursache, also leichter zugänglich sind."[22]

Das aber heißt: Im Gottesbeweis geht es nicht um die Aufdeckung von etwas völlig Neuem oder um die Widerlegung dessen, der Gottes Existenz bestreitet. Vielmehr sollen im Gottesbeweis in schlussfolgernder Form Gründe für das Recht und die Vernunftgemäßheit der Annahme der Existenz Gottes benannt werden. Eine bereits gegebene vorargumentative oder intuitiv und emotional fundierte Gottesgewissheit soll ausdrücklich gemacht und als solche durch die Benennung von Erkenntnisgründen intellektuell plausibilisiert werden. Gottesbeweise dienen einer methodisch vorgehenden reflexiven Selbstvergewisserung von Glaubenden. Sie ersetzen nicht die Option für eine religiöse Welt- und Selbstbeschreibung – genauso wenig wie die Ablehnung der einschlägigen Argumente eine nicht-religiöse Option des Betreffenden hinsichtlich der Welt- und Selbstbeschreibung unterstellt. Andernfalls würde ja jede und jeder Nichtglaubende als Dummkopf bezeichnet werden müssen – und aus umgekehrter Perspektive natürlich auch jeder und jede Glaubende seitens derer, die die Argumente ablehnen. Aus diesem Grund ist Gotteserkenntnis auch niemals an gottesbeweisförmige Einsicht gebunden (und ist auch philosophie- und theologiehistorisch diese Verbindung niemals hergestellt worden). Die Möglichkeit religiös-glaubender Welt- und Selbstbeschreibung ist nicht an die Beherrschung bestimmter rationaler Strategien und Diskursformen gebunden. Aus der damit vorgenommenen Bedeutungsbeschränkung der Gottesbeweise folgt nun aber, sieht man etwas näher zu, keinerlei Minderung ihres Gewichts, sondern das Gegenteil – und zwar aus zwei Gründen:

(a) Wenn sie nicht als für den Glauben von außen als dessen Fundament in Anspruch genommen werden, stehen sie für den, der die einschlägigen Argumente denkt und prüft, in Funktion begrifflicher Entfaltung seiner bzw. ihrer bereits gegebenen Erfahrung. D. h. sie dienen der Selbstverständigung in der Perspektive der intellektuellen Redlichkeit. Zu deren integralen Momenten gehört aber, die je eigene Welt- und Selbstbeschreibung in eine Einheit zu bringen, also von Widersprüchen freizuhalten. Vernunftgemäße Lebensführung und Weltdeutung sozusagen am Werktag muss deshalb aus der ihr innewohnenden Dynamik für die Explikation der Widerspruchsfreiheit der Annahme einer Existenz Gottes Sorge tragen.

(b) Auf dem Sockel dieser reflexiven Selbstvergewisserung gewinnen gottesbeweisförmige Argumentfiguren dann auch eine – freilich mittelbare – Bedeutung für den Disput zwischen Glaubenden und Nichtglaubenden über das Dasein Gottes. Sie dienen nicht dazu, dem anderen die eigene Position anzudemonstrieren, sondern zur präzisen, auf dem Forum der Vernunft lokalisierbaren Markierung ebendieser eigenen Position. Erst wenn ich mit all den mir zur Verfügung stehenden Mitteln kundgetan habe, was meine Überzeugung ist, bin ich ein ernsthafter Disputpartner für den Andersdenkenden und nehme ihn dann auch erst im vollen

Sinne ernst. Schränkte ich die mir im Prinzip zur Verfügung stehenden Mittel der Explikation meiner Position ein, so resultierte daraus zwar im ersten Moment der Eindruck größerer Nähe zwischen meinem Disputpartner und mir. In Wirklichkeit verwischte ich damit aber, wo ich in der Sache wirklich stehe. Die Folge: Der an der Vernunft orientierte Diskurs, der Überzeugung sucht, glitte ab in Überreden oder Gleichgültigkeit, d.h. Kommunikation als solche wäre aufgegeben.

Unter diesen beiden Voraussetzungen (a) und (b) eignet dem, was „Gottesbeweis" heißt, offenkundig weit über ein mögliches historisches Interesse hinaus theologisch wie philosophisch eine systematische Relevanz: Als Indiz dafür steht nicht zuletzt die Tatsache, dass zum einen die klassischen Gottesbeweise in ihrem Für und Wider die Philosophie bis heute nicht zur Ruhe kommen lassen. Bestimmte Argumenttypen werden immer neu formuliert und der Prüfung unterzogen – vor allem auch deswegen, weil sich an ihnen in pointierter Weise das Problem der Grenze philosophischen Denkens abarbeiten lässt. Zum anderen sind in den letzten Jahren mehrfach so etwas wie neue Gottesbeweise formuliert worden. Sie kommen meist aus dem Bereich interdisziplinärer Bemühungen namentlich zwischen Physik, Kosmologie und Philosophie und lösen regelmäßig heftige, zum Teil polemische Kontroversen aus. Am allerwenigsten zeigt sich von all dem – verblüffenderweise – die Theologie berührt, auch die katholische. Theologisch stehen offenkundig seit langem andere Themen auf der Agenda. Anders lässt sich das seit Jahrzehnten herrschende Desinteresse der Theologie an den klassischen Argumenten in Sachen Gottesfrage wie an neueren und neuesten Wiederaufnahmen der Diskussionsstränge nicht erklären. Umso mehr besteht Grund, dem gegensteuernd beides in Angriff zu nehmen.

Der Gang der klassischen Argumentfiguren

In historischer Perspektive lässt sich ohne weiteres sagen: Ansätze zu gottesbeweisförmigen Gedanken gibt es seit Beginn des abendländischen Philosophierens. In dem Maß, in dem ein Bewusstsein davon aufkommt, dass das Göttliche oder die Götter nicht so erfasst werden können wie alles andere in der Welt, stellt sich das Problem der Vergewisserung über sie ein. Der erste, der einen einschlägigen Gedanken breiter ausfaltet, scheint Sokrates (ca. 470–399 v. Chr.) gewesen zu sein. Nach dem Zeugnis von Xenophons „Memorabilia" denkt Sokrates vom schönen Geordnetsein der Natur auf eine diese Ordnung konstituierende intelligente Instanz zurück:

> „Und besonders das göttliche Wesen, welches den ganzen Kosmos mit all seinem Schönen und Guten ordnet und zusammenhält und alles trotz ständiger Nutzung unversehrt und gesund und unvergänglich darbietet und schneller als der Gedanke fehlerlos dienen läßt, dieses göttliche Wesen tritt wohl durch seine gewaltigen Werke in Erscheinung, es bleibt aber selbst bei diesem seinem Schaffen für uns unsichtbar."[23]

Das Dasein der Götter als solches wird erstmals Beweisthema bei Platon (ca. 427–347 v. Chr.). In einer ausführlichen und umwegigen Argumentation im Buch X der „Nomoi" (Gesetze) entwickelt er diesen Gedanken, um durch ihn seinem Entwurf eines Staatswesens ein Fundament zu unterlegen. Der Struktur nach handelt es sich im Kern um ein Argument zur Vermeidung eines regressus in infinitum (also eines „Rückgangs ins Unendliche") – und das ist nichts anderes als bereits das Rückgrat der Argumentationsform dessen, der als erster einen formalen Gottesbeweis geführt hat: Aristoteles (384–322 v. Chr.). Das ist sozusagen das Ausgangsszenario. Von ihm her kommt es in der Folgezeit zu einer überraschend breiten Palette von Gottesbeweisfiguren. Zum Teil handelt es sich um Fortschreibungen der eben erwähnten Urformen, teils werden noch andere Motive aus Platon und Aristoteles aufgegriffen, teils treten Intuitionen aus anderen Kontexten, etwa der Stoa hinzu. In der Begegnung mit dem christlichen Denken erfährt die ganze Thematik nicht nur eine Rezeption, sondern eine Verknüpfung mit biblischen Zügen. Damit stellt sich natürlich auch pointiert die Aufgabe, nicht nur einen Urgrund von allem und ein Absolutes zu denken, vielmehr muss das gedanklich solchermaßen Erreichbare ausdrücklich mit dem Gott der Bibel identifizierbar sein und darum personal gedacht werden. Zu regelrechten Verdichtungen der Gottesbeweisthematik, verbunden mit innovatorischen philosophischen Schüben, kommt es in der weiteren Wirkungsgeschichte dreimal: Einmal im 11. Jahrhundert durch Anselm von Canterbury (1034-1109), im 13. Jahrhundert durch Thomas von Aquin und im 18. Jahrhundert durch Kant. Das sind auch die drei Denkfiguren, denen wir im Folgenden nachzugehen haben, weil auch die heutigen Diskussionen um die Sache nach wie vor in ihrem Bann stehen und von ihnen zehren. Trotzdem möchte ich diesen drei Großargumenten dadurch einen Rahmen geben, dass ich wenigstens in Miniaturskizzen das Gesamt der überhaupt vertretenen Argumenttypen vorstelle. Man kann folgende Typen oder Typengruppen unterscheiden[24]:

(a) Der historische oder ethnologische Gottesbeweis

Der Name „historischer Gottesbeweis" stammt zwar erst aus dem 19. Jahrhundert, die Sache selbst geht bis in griechische, zumal stoische Anfänge zurück. Klassisch formuliert hat ihn Cicero (106–43 v. Chr.), im Übrigen eine für die Thematik der natürlichen Theologie ausgesprochen wichtige Instanz, sofern von ihm ein ganzes Werk mit dem Titel „De natura deorum" – (Die Natur der Götter) erhalten blieb. Ciceros Argument lautet:

> „Es gibt kein Volk, das so wild, und niemanden unter allen, der so roh wäre, daß er in seinem Geist nicht einen Gedanken an die Götter trüge – viele meinen über die Götter Verkehrtes (das aber pflegt aus einem schlechten Lebenswandel zu rühren) – dennoch glauben alle, daß es eine göttliche Kraft und Natur gibt; das bewirkt aber nicht eine Verabredung oder ein Konsens unter den Menschen, und auch wird die Annahme nicht durch Einrichtungen oder Gesetze in Geltung gesetzt; die Übereinstimmung aller Völker in der ganzen Sache muß [darum] für ein Naturgesetz genommen werden."[25]

Bemerkenswerterweise wurde von diesem Argument in der Hoch-Zeit der Gottesbeweise – also in der mittelalterlichen Philosophie – kein Gebrauch gemacht. Demgegenüber gewinnt es mit dem Aufkommen des historischen Bewusstseins an Gewicht; auch Georg Wilhelm Friedrich Hegel (1770–1831) erwähnt es, wenngleich er diesem Gedanken keinen metaphysisch-argumentativen Charakter zubilligt. In Verbindung mit dem Umfang empirisch-religionswissenschaftlicher Daten, der mittlerweile erreicht ist, spielt der Gedanke auch gegenwärtig eine gewisse Rolle: Wäre der Gottesgedanke unter den gegebenen Bedingungen ein Irrtum, dann würde dieser so tief reichend sein, dass er die Wahrheitsfähigkeit der Vernunft als ganze in Zweifel zöge. Oder um es pointiert mit einer Formulierung Ludwig Wittgensteins (1889–1951) zu sagen: „Für einen Fehler ist das einfach zu enorm."[26]

Unbeschadet dessen bleibt dieses Argument natürlich ausgesprochen schwach: Zum einen ist es induktiv gewonnen, zum anderen kann gerade im Blick auf die Verschiedenheit der Religionsformen nur ein ausgesprochen unspezifischer Gottesbegriff unterstellt werden. Insofern kann genau genommen von „Gottesbeweis" in diesem Fall noch gar nicht die Rede sein.

*(b) Der axiologische oder eudaimonologische
    Gottesbeweis*

Wieder steht der Name – aufgekommen in der Neuscholastik des 19. und 20. Jahrhunderts – für eine alte Sache: Wirkliches menschliches Leben ist durch ein Wertstreben geprägt (daher der Name vom griechischen *„axios"* – „wert"). Alle innerweltlichen Werte sind aber als solche endlich, sodass, wenn diese Fundamentaltendenz des Daseins nicht absurd sein soll, mit Notwendigkeit die Existenz eines höchsten Gutes oder Wertes angenommen werden müsse. Die eudaimonologische Variante liegt vor, wenn das Streben als Glückseligkeitsstreben (griechisch: *„eudaimonia"*) spezifiziert wird. Die Grundform des Arguments findet sich in Platons „Symposion" in Gestalt des liebenden Strebens nach dem Schönen an sich; desgleichen taucht der Gedanke bei Plotin (ca. 204–270) und bei Thomas von Aquin auf. In gewisser Weise macht von ihm auch die moderne Erkenntnismetaphysik Joseph Maréchals (1878–1944) Gebrauch, sofern dort die Bedingung der Möglichkeit eines konkreten Urteils in der Existenz eines unbedingten Seins gesehen wird, auf das der Urteilsakt implizit ausgreift. Dieser Denkfigur hat sich auch der frühe Karl Rahner (1904–1984) bedient.[27]

*(c) Noetischer, ideologischer oder nomologischer
    Gottesbeweis*

Das sind erneut junge Namen für einen alten Gedanken. Dieser selbst geht auf Augustinus (354–430) zurück und wird in „De libero arbitrio" (Der freie Wille)[28] ausdrücklich als Gottesbeweis expliziert. Er operiert mit dem Wahrheitsbegriff und verläuft folgendermaßen: Es gibt Stufen im Seienden: Solches, das ist, aber weder lebt noch erkennt; solches, das ist und lebt, aber nicht erkennt; und solches, das ist, lebt und erkennt. Letzteres gilt für die Vernunft. Sie ist das höchste Seiende. Aber sofern die Vernunft wandelbar ist, muss über ihr noch eine unwandelbare, ewige Wahrheit stehen, die Gott selbst ist oder über der ihrerseits nochmals Gott steht. Den Bereich dieses Unwandelbaren exemplifiziert Augustinus vor allem mit mathematischen Sätzen. Die Notwendigkeit dieses Zusammenhangs erschließt sich darin, dass der Vernunft zeitlose und allgemeinverbindliche Gesetze begegnen, an denen sie ihre Urteile zu orientieren hat. Damit können diese Gesetze weder unter der Vernunft stehen, sonst könnten sie nicht normativ wirken, noch können sie in ihr liegen, sonst wären sie wandelbar wie die Vernunft selbst. Also müssen sie über ihr stehen. Der schulmäßige Einwand gegen den noetischen Gottesbeweis lautet, dass er etwas, das Eigenschaft von Aussagen ist – „Wahrsein" – zu einer eigenständigen Wirklichkeit namens Wahrheit verobjektiviert. Das trifft formal auch zu, wird aber dem neoplatonischen Hintergrund dieser augustinischen Argumentation nur bedingt gerecht, denn für diesen schwingen Sein und Wahrsein – *„nous"* – ineinander. Auch dieses Argument spielt in der Hochphase des Gottbeweisdenkens keine Rolle, dafür entwickelt Gottfried Wilhelm Leibniz (1646–1716) unter ausdrücklicher Berufung auf Augustinus eine ähnliche Denkfigur: Für ihn haben die ewigen Wahrheiten mit idealen Gegenständen in Gestalt von Wesenheiten und Möglichkeiten zu tun, und diese können nur von Gott als ihrem Grund her begriffen werden. Diese Leibniz-Version trägt auch den Namen „Gottesbeweis ex possibilibus" („Gottesbeweis aus den Möglichkeiten").

(d) Weitere Argumenttypen

Die weiteren Argumenttypen benenne ich nur mit wenigen Worten, weil sie allesamt die Substanz der großen und wirkmächtigen Theorieformen ausmachen. Es geht

(1) um den *Stufenbeweis*, der, auf augustinische Motive zurückgehend, im „Monologion" Anselms von Canterbury eine erste Ausarbeitung und dann bei Thomas von Aquin seine wirkmächtigste Form findet. Der Kerngedanke: Was

immer wahr oder gut oder groß etc. ist, ist das, was es ist, von einem an sich Wahren, an sich Guten, an sich Großen – also von einem höchsten Wahren, Guten, Großen her.

(2) Eine umfängliche Typengruppe bilden *kosmologische Argumente* – der Name stammt von Kant. Die Sache geht auf Platon und Aristoteles zurück. Die Denkfiguren haben mit dem Begriff des Anfangs von allem, der Kausalität und der Kontingenz zu tun. Die klassische Version wird uns bei Thomas von Aquin begegnen.

(3) In engem Zusammenhang mit dem kosmologischen Argument, aber doch klar von ihm zu differenzieren, ist das *teleologische* oder – wiederum von Kant so bezeichnete *„physikotheologische" Argument*, das sich auf Zweckmäßigkeiten und Zielorientierungen in der Natur bezieht.

(4) Diesen erfahrungsgeleiteten Argumentationsstrategien steht eine andere gegenüber, die rein begriffsanalytisch vorgeht und auch wohl den berühmtesten und berüchtigtsten Gottesbeweis repräsentiert: das von Anselm von Canterbury entwickelte „ontologische Argument". Auch dieser Name stammt von Kant. Mehr als jeder andere Gottesbeweis lässt er die Geister bis heute nicht zur Ruhe kommen (auch solche nicht, die ansonsten der Theologie eher fern stehen).

Mit den Typen (2)–(4) sind die prinzipiell aus spekulativem Vernunftgebrauch gewinnbaren Gottesbeweise vollständig benannt. Diese Vollständigkeit begründet Kant folgendermaßen:

„Alle Wege, die man in dieser Absicht einschlagen mag, fangen entweder von der bestimmten Erfahrung und der dadurch erkannten besonderen Beschaffenheit unserer Sinnenwelt an, und steigen von ihr nach Gesetzen der Kausalität bis zur höchsten Ursache außer der Welt hinauf; oder sie legen nur unbestimmte Erfahrung, d. i. irgend ein Dasein empirisch zum Grunde; oder sie abstrahieren endlich von aller

Erfahrung, und schließen gänzlich a priori aus bloßen Begriffen auf das Dasein einer höchsten Ursache. Der erste Beweis ist der physikotheologische, der zweite der kosmologische, der dritte der ontologische Beweis. Mehr gibt es ihrer nicht, und mehr kann es auch nicht geben."[29]

Für Kant ist aber auch bereits in den beiden empirisch vorgehenden Argumentstrategien der transzendentale Begriff der Vernunft das eigentlich Treibende. Näherhin lässt sich – so Kant weiter – sogar so etwas wie eine fortschreitende Einschachtelung der drei Beweisarten ineinander feststellen – und zwar in dem Sinn, dass das physikotheologische Argument das kosmologische einschließe, das kosmologische seinerseits das ontologische. Insofern müssen auch in Auseinandersetzung mit diesem die entscheidenden Klärungen stattfinden. Das wird auch geschehen, sobald wir die Argumente selbst zunächst in ihren Eigengestalten analysiert haben. Wenn wir dann die – nicht nur, aber an vorrangiger Stelle stehende – Kritik Kants an den Gottesbeweisen durchgegangen sind, haben wir abschließend noch

(5) auf den *deontologischen, ethikotheologischen* oder *moralischen Gottesbeweis* einzugehen, den Kant selbst vor dem Hintergrund einiger Vorformen seinerseits entwickelt hat und der phasenweise als die allein annehmbare Form eines Gottesbeweises galt. Gleichzeitig wird die Doppelung aus Kants Gottesbeweiskritik und seiner eigenen Gottesbeweiskonzeption den Hintergrund für die dann folgende Wendung zu den Gründen und Formen moderner Neubegründungen der Gottesbeweisproblematik bilden. Das ist das Szenario, vor dem wir nun in Auseinandersetzung mit den klassischen Großargumenten der philosophischen Theologie treten.

2. Die „quinque viae" des Thomas von Aquin

Die *„quinque viae"* (fünf Wege) des Thomas von Aquin repräsentieren als Lehrstück insgesamt einen der prominentesten Texte der abendländischen Philosophie. Gleichwohl ist unter den fünf Argumentationsperspektiven keine, die nicht in Grund- und Vorformen längst vorher da gewesen wäre. Überdies können auch nicht alle fünf Wege gleichermaßen als klassisch bezeichnet werden: Es gibt zwischen ihnen Differenzen, was ihre Stimmigkeit und Überzeugungskraft betrifft. Die originäre Leistung des Aquinaten besteht darin, ein ganzes Bündel zum Teil sehr verschiedenartiger Argumentansätze in einem hohen Grad homogenisiert und verschmolzen zu haben. Vor allem anderen, was darüber zu sagen ist, hat wenigstens passagenweise der Text selbst zu Gehör zu kommen.

Erster Weg

„Fünf Wege gibt es, das Dasein Gottes zu beweisen. Der erste und nächstliegende Weg geht von der Bewegung aus. Es ist eine sichere und durch das Zeugnis der Sinne zuverlässig verbürgte Tatsache, daß es in der Welt Bewegung gibt. Alles aber, was in Bewegung ist, wird von einem anderen bewegt, denn in Bewegung sein kann etwas nur, sofern es unterwegs ist zum Ziel der Bewegung. Bewegen aber kann etwas nur, sofern es irgendwie schon im Ziel steht. Bewegen [im weitesten Sinne] heißt nämlich nichts anderes als: ein Ding aus seinen Möglichkeiten überführen in die entsprechenden Wirklichkeiten. Dies kann aber nur geschehen durch ein Sein, das bereits in der entsprechenden Wirklichkeit steht. So bewirkt z. B. etwas ‚tatsächlich' Glühendes wie das Feuer, daß ein anderes, z. B. das Holz, zu dessen Möglichkeiten es gehört, glühend zu sein, nun ‚in der Tat' glühend wird. Das Feuer also ‚bewegt' das Holz und verändert es dadurch. Es ist

Thomas von Aquin (um 1225–1274)

aber nicht möglich, daß ein und dasselbe Ding in bezug auf dieselbe Seinsvollkommenheit ‚schon' ist und zugleich ‚noch nicht' ist, was es sein könnte. Möglich ist das nur in bezug auf verschiedene Seinsformen oder Seinsvollkommenheiten. Was z. B. in Wirklichkeit heiß ist, kann nicht zugleich dem bloßen Vermögen nach heiß sein, sondern ist dem Vermögen nach kalt. Ebenso ist es unmöglich, daß ein und dasselbe Ding in bezug auf dasselbe Sein in einer und derselben Bewegung zugleich bewegend und bewegt sein oder – was dasselbe ist –: es ist unmöglich, daß etwas [im strengen Sinne] sich selbst bewegt. Also muß alles, was in Bewegung ist, von einem anderen bewegt sein. – Wenn demnach das, wovon etwas seine Bewegung erhält, selbst auch in Bewegung ist, so muß auch dieses wieder von einem anderen bewegt sein, und dieses wieder von einem anderen. Das kann aber unmöglich so ins Unendliche fortgehen, da wir dann kein erstes Bewegendes und infolgedessen überhaupt kein Bewegendes hätten. Denn die späteren Beweger bewegen ja nur in Kraft des ersten Bewegers, wie der Stock [sich] nur insoweit bewegen kann, als er bewegt ist von einer Hand. Wir müssen also unbedingt zu einem ersten Bewegenden kommen, das von keinem bewegt ist. Dieses erste Bewegende aber meinen alle, wenn sie von ‚Gott' sprechen."[30]

Die ausführliche Fassung, die Thomas dem ersten Weg gibt, lässt auf den ersten Blick die platonische, vor allem aber aristotelische Herkunft des Arguments und ebenso seine systematische Struktur klar werden. Ihr liegt ein klassisches Schlussverfahren zu Grunde: Ausgangspunkt ist das empirische Datum der Bewegung. Dass es dieses Phänomen geben kann, schließt zwei Prämissen ein: zum einen das Kausalprinzip, zum anderen die Vermeidung des regressus in infinitum (Rückschritt ins Unendliche), weil ansonsten Bewegung gleichsam verpuffen würde. Konklusion: Es muss ein erstes seinerseits unbewegtes Bewegendes gegeben sein. Ein letzter Schritt ist die theologische Interpretation des per Konklusion Gewonnenen.

Der eben genannte letzte Schritt – die theologische Interpretation – ist im Gang des Arguments der problemloseste Zug, auch wenn das im ersten Moment anders erscheinen könnte.[31] Dieses *„et hoc omnes intelligunt Deum"* (Und das verstehen alle als Gott) oder bei den anderen Wegen das *„et hoc dicimus Deum"* (Und das nennen wir Gott) kommt ja sehr unvermittelt – aber nur, wenn die *quinque viae* als isolierte metaphysische Argumentationen genommen werden. Genau das aber sind sie nicht. Vielmehr sind sie in eine prinzipiell theologische Intention eingebettet und – das ist das Entscheidende – mit dieser über die semantische (bedeutungstheoretische), also eine sprachphilosophische Ebene zusammengeschlossen, wie die gerade zitierten Identifikationssätze am Ende jeder *via* unübersehbar machen. Das ist im Übrigen für Thomas auch gar nichts Besonderes. Sein gesamtes Werk durchzieht eine ontosemantische Prägung, also eine Weise des Redens über das Seiende, die die konstitutive Bedeutung der Sprache im Vorgang der Seinsrede bewusst hält und mitreflektiert.

Es lohnt sich, diesen Zusammenhang im Fall der *quinque viae* eigens kurz in Blick zu nehmen: Die identifikatorischen Schlusssätze führen ja den Ausdruck „Deus" (Gott) ohne weitere Bestimmung oder Beschreibung oder Definition ein. D. h. Thomas rekurriert auf den üblichen Sprachgebrauch (*„omnes dicunt"* – „alle nennen"). Mit den Schlusssätzen stellt er also seine metaphysischen Schlussfolgerungen in einen bereits gegebenen und bekannten Sprachhorizont zurück. Mittels ihrer wird die Bedeutung des schon gebräuchlichen Ausdrucks vertieft und geweitet (es wird nichts neu eingeführt). Insofern müssen die *quinque viae* als philosophische Explikationen oder Meditationen eines Glaubenden über seinen Glauben verstanden werden. Innerhalb der – mit Ludwig Wittgenstein gesprochen – Lebensform „Glauben" und speziell innerhalb des Sprachspiels „an Gott glauben" oder „Gottes Existenz bekennen" hat auch diese Vergewisserung ihr Recht und bisweilen ihre Notwendigkeit im Sinne der Aufdeckung, dass das Geglaubte der Vernunft nicht entgegensteht. Hier zeigt sich sehr unmittelbar in concreto, was wir vorausgehend formal über Begriff und

Sinn von Gottesbeweisen zu erwägen hatten. Was also beweisen die *quinque viae*, wenn man sie so – gleichsam von hinten her – liest? Sie „beweisen", dass sich für das Wort „Gott" im Urteil „Gott existiert" ein wohl bestimmter Sinn angeben lässt, und sie tun das dadurch, dass die Kohärenz dieses Urteils mit anderen, allgemein akzeptierten Urteilen herausgearbeitet wird.[32] Insofern sind die Schlusssätze der fünf Wege alles andere als Kurzschlüsse. Wirkliche Probleme dieses Argumentationsganges dagegen liegen anderswo. Im Wesentlichen sind es drei:[33]

(a) Thomas nennt diese *prima via* „manifestior", also das offenkundigste oder nahe liegendste der Argumente, die er zu bieten hat. Wen aber reißt dieser Gedanke heute vom Sessel? Das Argument stimmt durch und durch – trotzdem erscheint es uns als eigentümlich blass und formal. Das hat im Wesentlichen damit zu tun, dass sein Zentrum – das metaphysische Kausalprinzip – für das neuzeitliche Denken seine Bedeutung verloren hat. Die *energeia* (Energie), kraft deren etwas von Potenz in Akt übergeht, ist eine quantifizierbare physikalische Größe unter anderen geworden – nämlich das Produkt aus Masse und Beschleunigung. Und unter Voraussetzung des Ersten Hauptsatzes der Thermodynamik – die Annahme der Energieerhaltung – wird der Gedanke eines ersten unbewegten Bewegers überflüssig. Unmittelbarer als anderswo wird an dieser Stelle die Abhängigkeit gottesbeweisartiger Denkfiguren von metaphysischen Rahmenkonzepten greifbar. Aber auch binnenphilosophisch zieht Thomas' erster Weg mindestens zwei Anfragen auf sich:

(b) Das Argument fasst ja das Weltgeschehen in einem fundamentalen Sinn als positiv auf, sofern das, was empirisch geschieht, aus sich auf Gott als den letzten Grund von allem verweist. Wie aber kann in dieser Sicht das unbestreitbare – und ebenso empirische – Faktum des Bösen untergebracht werden? Mit anderen Worten: Gerade die *prima via* nötigt von ihrem Ansatz her zu dem, was später den Namen „Theodizee-Frage" (Rechtfertigung Gottes angesichts des Leids in der Welt) erhalten wird. Diese Anfrage wird allerdings gar nicht von außen oder aus späterer Zeit an die Argumentation herangetragen. Bereits Thomas selbst bringt sie gleich innerhalb der Eingangspassage des *quinque-viae*-Artikels ins Spiel, wenn er fragt, ob es denn Gott überhaupt geben könne, da in der Welt unübersehbar Böses auftrete.[34] So respektgebietend die Tatsache ist, dass der Aquinate dieser Frage von Anfang an nicht aus dem Weg geht, so wenig kann seine Antwort zufrieden stellen, die sich in einer von Augustinus vorgespurten Perspektive hält: dass Gott Übel zulasse, um durch sie Gutes zu wirken.[35] Eine Antwort, die nicht falsch sein muss – und die trotzdem sogar unabhängig von unserem heute durch Geschichtskatastrophen geschärften Empfinden einen Erklärungsnotstand heraufbeschwört: Denn wie oft finden Überführungen von Möglichkeit in Wirklichkeit statt, die absolut ungeeignet sind, um als Gottesspur interpretiert zu werden – wie z. B. Naturkatastrophen!

(c) Damit ist auch bereits das dritte Moment ins Spiel gebracht, durch das Thomas' Argumentation unter Frage gestellt wird: Die Wahrnehmung der Bewegung und ihre Verankerung in metaphysischen Prinzipien wird als objektives Datum genommen, ohne jede Rücksicht auf die interpretative, gegebenenfalls erfahrungskonstituierende Beteiligung des erkennenden Subjekts selbst. Natürlich war das für Thomas – unbeschadet seiner Sensibilität für erkenntnistheoretische Belange – keine Frage. Der Schöpfungsgedanke kommt bei ihm ja dafür auf, dass sich der erkennende endliche Geist diesem einen Werk des Schöpfers ganz zugehörig wissen und darum auch darauf verlassen darf, dass das, was ist, so ist, wie es begegnet. Eine diesbezügliche Differenz hätte notwendig einen Zweifel an der Verlässlichkeit und Treue dessen nach sich gezogen, dessen Spur die Werke der

Schöpfung doch sein sollen. Noch einmal geht an diesem Problem auf, wie intensiv nicht nur die faktische Geltung, sondern die systematische Gültigkeit solcher Argumente an die jeweilige Rahmenkonzeption rückgebunden ist.

Nachdem wir damit die *„prima via"* einigermaßen ausführlich analysiert haben, kann bei den restlichen vier Wegen die Wahrnehmung auf die spezifischen Hinsichtnahmen und ihre Charakteristika beschränkt werden.

Zweiter Weg

„Der zweite Weg geht vom Gedanken der Wirkursache aus. Wir stellen nämlich fest, daß es in der sichtbaren Welt eine Über- und Unterordnung von Wirkursachen gibt; dabei ist es niemals festgestellt worden und ist auch nicht möglich, daß etwas seine eigene Wirk- oder Entstehungsursache ist. Denn dann müßte es sich selbst im Sein vorausgehen, und das ist unmöglich. Es ist aber ebenso unmöglich, in der Über- und Unterordnung von Wirkursachen ins Unendliche zu gehen, sowohl nach oben als auch nach unten. Denn in dieser Ordnung von Wirkursachen ist das Erste die Ursache des Mittleren und das Mittlere die Ursache des Letzten, ob nun viele Zwischenglieder sind oder nur eines. Mit der Ursache fällt auch die Wirkung. Gibt es also kein Erstes in dieser Ordnung, dann kann es auch kein Letztes und kein Mittleres geben. Lassen wir die Reihe der Ursachen aber ins Unendliche gehen, dann kommen wir nie an eine erste Ursache und so werden wir weder eine letzte Wirkung noch Mittel-Ursachen haben. Das widerspricht aber den offenbaren Tatsachen. Wir müssen also notwendig eine erste Wirk- oder Entstehungsursache annehmen: und die wird von allen ‚Gott' genannt."[36]

Ersichtlich handelt es sich bei dieser *„via secunda"* um ein eng mit dem ersten Weg verwandtes Argument. Gleichwohl ist es das einzige, das sich nicht auf prominente philosophische Vorformen zurückführen lässt. Allerdings war der Rückbezug auf die Wirkursächlichkeit in der vorthomanischen Scholastik nicht unbekannt. Der systematische Anlass für die Unterscheidung der ersten und zweiten via liegt darin, dass sich nach Thomas' Verständnis der Bewegungsbegriff der *„prima via"* nur auf die akzidentelle Dimension des Seienden (Ort, Quantität, Qualität) bezieht, der Begriff der Wirkursache aber mit der Entstehung von Substanzen zu tun hat. Spätere Bestreitungen der Allgemeingültigkeit des Bewegungssatzes – etwa durch Francisco Suarez – haben dem Argument aus der Wirkursächlichkeit erhebliches Gewicht zugespielt.

Dritter Weg

„Der dritte Weg geht aus von dem Unterschied des bloß möglichen und des notwendigen Seins. Wir stellen wieder fest, daß es unter den Dingen solche gibt, die geradesogut sein wie auch nicht sein können. Darunter fällt alles, was dem Entstehen und Vergehen unterworfen ist. Es ist aber unmöglich, daß die Dinge dieserart immer sind oder gewesen sind; denn das, was möglicherweise nicht ist, ist irgendwann einmal auch tatsächlich nicht da oder nicht da gewesen. Wenn es also für alle Dinge gelten würde, daß sie möglicherweise nicht da sind oder nicht da gewesen sind, dann muß es eine Zeit gegeben haben, wo überhaupt nichts war. Wenn aber das wahr wäre, könnte auch heute nichts sein. Denn was nicht ist, fängt nur an zu sein durch etwas, was bereits ist. Gab es aber überhaupt kein Sein, dann war es auch unmöglich, daß etwas anfing zu sein, und so wäre auch heute noch nichts da, und das ist offenbar falsch. Also kann nicht alles in den Bereich jener Dinge gehören, die [selbst, nachdem sie sind] geradesogut auch nicht sein können; sondern es muß etwas geben unter den Dingen, das notwendig [d. h. ohne die Möglichkeit des Nichtseins] ist. Alles notwendige Sein aber hat den Grund seiner Notwendigkeit entweder in einem anderen oder nicht in einem anderen [sondern in sich selbst]. In der Ordnung der notwendigen Wesen, die den Grund ihrer Notwendigkeit in einem anderen haben, können wir nun aber nicht ins Unendliche gehen, sowenig wie bei den Wirkursachen. Wir müssen also ein Sein annehmen, das durch sich notwendig ist und das den Grund seiner Notwendigkeit nicht in einem anderen Sein hat, das vielmehr selbst der Grund für die Notwendigkeit aller anderen notwendigen Wesen ist. Dieses notwendige Wesen aber wird von allen ‚Gott' genannt."[37]

Für dieses üblicherweise unter dem Kurzetikett „Kontingenzbeweis" rangierende Argument müssen als Vordenker Parmenides (515/510–450 v. Chr.), Platon, Aristoteles und Plotin gelten. Ausdrücklich als Gottesbeweis hatte es vor Thomas schon einmal Moses ben Maimon (1135–1204) ausgearbeitet. Nach Thomas machen u. a. Leibniz, Christian Wolff (1679–1754) und Moses Mendelssohn (1729–1786) von dem Argument Gebrauch – Letzterer als Beleg dafür, dass der Kontingenzgedanke selbst unter aufklärerischem Vorzeichen Anerkennung fand. Die stattliche Reihe der Vorväter kann als ein erstes Indiz für seine tief reichende Verankerung in der metaphysischen Grundlagenbesinnung gelten – was ja auch sachlich gesehen zutrifft: Gewonnen ist das Argument aus der dialektischen Logik von Sein und Nichtsein. Und damit gibt die *„tertia via"* den direktesten Hinweis auf die Richtigkeit von Kants oben schon erwähnter These, dass auch die empirisch ansetzenden Argumentationen im Letzten vom transzendentalen Vernunftbegriff gesteuert werden. Insofern ist über die Stichhaltigkeit des Arguments im Rahmen der Kritik des ontologischen Gottesbeweises zu befinden.

Vierter Weg

„Der vierte Weg geht aus von den Seinsstufen, die wir in den Dingen finden. Wir stellen nämlich fest, daß das eine mehr oder weniger gut, wahr, edel ist als das andere. Ein Mehr oder Weniger wird aber von verschiedenen Dingen nur insofern ausgesagt, als diese sich in verschiedenem Grade einem Höchsten nähern. So ist dasjenige wärmer, was dem höchsten Grad der Wärme näher kommt als ein anderes. Es gibt also etwas, das ‚höchst' wahr, ‚höchst' gut, ‚höchst' edel und damit im höchsten Grade ‚Sein' ist. Denn nach Aristoteles ist das ‚höchst' Wahre auch das ‚höchst' Wirkliche. Was aber

> innerhalb einer Gattung das Wesen der Gattung am reinsten verkörpert, das ist Ursache all dessen, was zur Gattung gehört, wie z. B. das Feuer nach Aristoteles als das ‚zuhöchst' Warme die Ursache aller warmen Dinge ist. So muß es auch etwas geben, das für alle Wesen die Ursache ihres Seins, ihres Gutseins und jedweder ihrer Seinsvollkommenheiten ist: und dieses nennen wir ‚Gott'."[38]

Die *„quarta via"* fällt innerhalb der *„quinque viae"* aus dem Rahmen. Sie ist so etwas wie ein unübersehbarer platonischer „Ausreißer" inmitten der anderen vier doch primär aristotelisch angelegten Argumentationsgänge. Der Sache nach repräsentiert die *quarta via* die prägnante und vor allem präzisierte Ausarbeitung jenes Stufengedankens, den Anselm von Canterbury unter Rückgriff auf Augustinus schon in seinem „Monologion" erwogen hatte. Ebenso unmittelbar wie im Fall des ersten Weges kommt auch hier die Abhängigkeit der Denkfigur von der metaphysischen Rahmenkonzeption zur Geltung – in diesem Fall von der des Teilhabegedankens. Dass Aristoteles' harsche Kritik an diesem Gedanken Thomas nicht vom Rekurs auf den Stufenbegriff abhielt, bleibt zu konstatieren.

Fünfter Weg

> „Der fünfte Weg geht aus von der Weltordnung. Wir stellen fest, daß unter den Dingen manche, die keine Erkenntnis haben, wie z. B. die Naturkörper, dennoch auf ein festes Ziel hin tätig sind. Das zeigt sich darin, daß sie immer oder doch in der Regel in der gleichen Weise tätig sind und stets das Beste erreichen. Das beweist aber, daß sie nicht zufällig, sondern irgendwie absichtlich ihr Ziel erreichen. Die vernunftlosen Wesen sind aber nur insofern absichtlich, d. h. auf ein Ziel hin tätig, als sie von einem erkennenden geistigen Wesen auf ein Ziel hingeordnet sind, wie der Pfeil vom Schützen. Es muß also ein geistig-erkennendes Wesen geben, von dem alle Naturdinge auf ihr Ziel hingeordnet werden: und dieses nennen wir ‚Gott'."[39]

Vorformen dieser teleologischen Argumentation finden sich bei Platon und Aristoteles, besonders aber in der *Stoa*. In diesem Fall liegt innerhalb von Thomas' Werk noch eine andere Version der Denkfigur vor, die – obwohl früher geschrieben als die in der *„Summa theologiae"* – als anspruchsvoller als die Spätere gelten muss, sofern sie nicht nur den sinnvollen Gang der Einzeldinge in Blick nimmt, sondern zugleich deren Zusammenspiel im Ganzen der Welt:

> „Es ist unmöglich, daß sich Gegensätzliches und Unstimmiges immer und öfter zu einer einzigen Ordnung zusammenfinden, es sei denn durch jemandes Lenkung, von der aus allem und jedem zugewiesen wird, daß es sich auf ein bestimmtes Ziel richten soll."[40]

Es scheint im Übrigen dieses teleologische Argument der Tradition gewesen zu sein, von dem sich selbst Kant nur bedingt abzusetzen vermochte. Jedenfalls weiß er für das, was an empirisch Gegebenem zur Interpretation ansteht, eingestandenermaßen nicht nur keine bessere, sondern überhaupt keine andere Lösung anzugeben, wenngleich das über die Sache selbst gar nichts, jedoch einiges über die Vernunft als solche sagt. Wörtlich:

> „[...M]uß man doch gestehen, daß, wenn wir einmal eine Ursache nennen sollen, wir hier nicht sicherer, als nach der Analogie mit dergleichen zweckmäßigen Erzeugungen, die die einzigen sind, wovon uns die Ursachen und Wirkungsart völlig bekannt sind, verfahren können. Die Vernunft würde es bei sich selbst nicht verantworten können, wenn sie von der Kausalität, die sie kennt, zu dunkeln und unerweislichen Erklärungsgründen, die sie nicht kennt, übergehen wollte."[41]

Dieser Eindruck des Phänomens der Geordnetheit des Seienden hat sich für Kant zu keiner Zeit gemindert. Er findet seinen Widerhall selbst noch im Schlusswort der „Kritik der praktischen Vernunft", in der die kantische „kopernikanische Wende" gerade hinsichtlich der philosophischen Theologie allererst zu ihrer wirklichen Durchführung gebracht wird. Jedenfalls beginnt der so genannte „Beschluss", also die Schlussbemerkung des Buches so:

> „Zwei Dinge erfüllen das Gemüt mit immer neuer und zunehmender Bewunderung und Ehrfurcht, je öfter und anhaltender sich das Nachdenken damit beschäftigt: Der bestirnte Himmel über mir, und das moralische Gesetz in mir. Beide darf ich nicht als in Dunkelheiten verhüllt, oder im Überschwenglichen, außer meinem Gesichtskreise, suchen und bloß vermuten; ich sehe sie vor mir und verknüpfe sie unmittelbar mit dem Bewußtsein meiner Existenz"[42] –

wobei Ersteres – der Sternenhimmel – das Subjekt an seine Randständigkeit und Endlichkeit gemahnt, Letzteres – die Erfahrung des sittlichen Sollens – an seine Einzigartigkeit inmitten alles Seienden. Beide Dimensionen aber kommen darin überein, dem Subjekt anzuzeigen, dass es seiner Natur wie seiner Vernunft nach einer unendlichen, unbedingten Ordnung eingefügt ist. Natürlich bleibt auch dabei die so genannte kritizistische Wende Kants in Geltung: Vernunft erfährt sich kraft ihrer Verfasstheit als solchermaßen bestimmte – und nicht, weil die ontologische Situation aus sich diesen teleologischen Gedanken hergäbe. Gleichwohl bleibt Kants Sensorium für die Substanz der *quinta via* bemerkenswert. Bringt man zudem die gerade heute mit neuer und neuester Aktualität ausgestattete Perspektive des darwinistischen Ansatzes ins Spiel[43], rücken Thomas und Kant geradezu Seite an Seite, sofern die Pointe des darwinschen Ansatzes genau darin besteht, den Gedanken der Teleologie zu naturalisieren, also jedwede Tendenz einer Fortentwicklung gegen ein intelligentes Geleitetsein auf naturimmanente Gesetzmäßigkeit zurückzunehmen. Auf dieser Ebene liegen heute die Probleme mit dem teleologischen Argument. Freilich dürfen sie in unserem Zusammenhang nicht dazu führen, die kritische Differenz zwischen den klassischen Gottesbeweisgedanken und Kant zu klein zu denken. Davor bewahrt am besten der Blick auf den ontologischen Gottesbeweis und Kants Einwände gegen ihn. Von ihnen her ist dann auch nochmals auf Kants Kritik am kosmologischen und physikotheologischen Argumenttyp zurückzukommen.

3. Das ontologische Argument

1968 erschien ein Sammelband über den ontologischen Gottesbeweis, mit dem Titel „The Many-Faced Argument."[44] Diese Formulierung trifft den Nagel auf den Kopf. Es ist diese „Vielgesichtigkeit" des ontologischen Gottesbeweises, die die Diskussion um ihn bis heute nicht zur Ruhe kommen lässt. Vielgesichtigkeit heißt dabei nicht zuletzt: Im Gang der Wirkungsgeschichte sind auch Hinsichten ins Spiel gekommen, an die der Urheber des Arguments in keiner Weise gedacht hat oder auch nur hat denken können. Klären wir daher zunächst die Ausgangskonstellation.

Die ursprüngliche Version und ihre Kritik

Der Benediktinerabt Anselm von Canterbury (1033–1109) hatte auf Bitten seiner Ordensmitbrüder ein kleines Werk mit dem Titel „Monologion" („Selbstgespräch") über Gottes Sein verfasst. Der Substanz nach besteht die Abhandlung aus einer Verknüpfung von vier Varianten des Stufenbeweises. Das hat Anselm nach eigenem Zeugnis nicht ruhen lassen, ob denn nicht ein Argument aus einem Guss – ohne Angewiesensein auf andere – zu gewinnen sei. Eines Tages endlich sei ihm ein solcher Gedanke buchstäblich zugefallen.[45] Dieser ist in einer mit „Proslogion" („Anrede") betitelten Schrift festgehalten. Ungewöhnlich ist die literarische Form: Das Werk beginnt dialogisch, ist mit dialogischen Passagen durchsetzt und endet auch so. Genauerhin handelt es sich um Dialoge des Autors mit Gott, also um die Sprache des Gebets. Sogar die für unser Interesse einschlägige Passage des ontologischen Gottesbeweises beginnt so. Fromme Staffage eines, der als Mönch so reden *muss*? Wir werden sehen. Hören wir zunächst den Wortlaut der zentralen Gedankenfolge:

Anselm von Canterbury (1033–1109)

„Also, Herr, der Du die Glaubenseinsicht gibst, verleihe mir, daß ich, soweit Du es nützlich weißt, einsehe, daß Du bist, wie wir glauben, und das bist, was wir glauben. Und zwar glauben wir, daß Du etwas bist, über dem nichts Größeres gedacht werden kann.
Gibt es also ein solches Wesen nicht, weil ‚der Tor in seinem Herzen gesprochen hat: es ist kein Gott?' Aber sicherlich, wenn dieser Tor eben das hört, was ich sage: ‚etwas, über dem nichts Größeres gedacht werden kann', versteht er, was er hört; und was er versteht, ist in seinem Verstande, auch wenn er nicht einsieht, daß dies existiert.
Denn ein anderes ist es, daß ein Ding im Verstande ist, ein anderes, einzusehen, daß das Ding existiert. Denn wenn ein Maler vorausdenkt, was er schaffen wird, hat er zwar im Verstande, erkennt aber noch nicht, daß existiert, was er noch nicht geschaffen hat. Wenn er aber schon geschaffen hat, hat er sowohl im Verstande, als er auch einsieht, daß existiert, was er bereits geschaffen hat.
So wird also auch der Tor überführt, daß wenigstens im Verstande etwas ist, über dem nichts Größeres gedacht werden kann, weil er das versteht, wenn er es hört, und was immer verstanden wird, ist im Verstande.
Und sicherlich kann ‚das, über dem Größeres nicht gedacht werden kann', nicht im Verstande allein sein. Denn wenn es wenigstens im Verstande allein ist, kann gedacht werden, daß es auch in Wirklichkeit existiere – was größer ist. Wenn also ‚das, über dem Größeres nicht gedacht werden kann', im Verstande allein ist, so ist eben ‚das, über dem Größeres nicht gedacht werden kann', [etwas; K.M.] über dem Größeres gedacht werden kann. Das aber kann gewiß nicht sein. Es existiert also ohne Zweifel ‚etwas, über dem Größeres nicht gedacht werden kann', sowohl im Verstande als auch in Wirklichkeit."[46]

Auch diese Argumentation Anselms ist nicht voraussetzungslos: Sie geht von zweierlei aus: (a) zum einen davon, dass sich der, der die Existenz Gottes behauptet, und der, der sie bestreitet – in Anlehnung an ein Psalmwort „Tor" genannt – prinzipiell auf einer gemeinsamen Kommunikationsebene bewegen. Der Tor versteht Anselms Worte, und darum ist das, worum es geht, auch in seinem Verstand. (b) Zum anderen gibt es zwischen beiden Seiten keinen

Streit über den von Anselm eingeführten Gottesbegriff, von dem er sagt, dass er das repräsentiere, „was wir glauben", dass Gott sei. Und geglaubt wird dieser Gott als etwas, „worüber hinaus nichts Größeres gedacht werden kann". Das ist der anselmianische Gottesbegriff. Aus diesem Begriff allein soll nun aufgewiesen werden, dass der solchermaßen gedachte *Gott* notwendig auch existieren muss und die Bestreitung seines Existierens als Widerspruch offen gelegt werden kann.

Die entscheidenden Schritte verlaufen so[47]:

(a) Begriffliches Sein von etwas und wirkliches Sein des Begriffenen sind verschieden, und zwar ist wirkliches Sein „mehr" als nur Begriffensein: Ein gemaltes Bild ist mehr als ein geplantes.

(b) Deswegen muss etwas, über das hinaus Größeres nicht gedacht werden kann, existieren, denn

(c) würde es nicht existieren, dann ließe sich über das nichtexistierende, weil nur Gedachte Größte, worüber hinaus Größeres nicht gedacht werden kann, hinaus eben doch noch ein Größeres denken, nämlich ein existierendes denkbar Größtes.

(d) Damit erweist sich die Leugnung der Existenz dessen, worüber hinaus Größeres nicht gedacht werden kann, als ein Widerspruch, der aus der Unvollständigkeit des Reflexionsganges resultiert.

Damit ist das anselmianische Argument – anders als in den meisten Handbüchern dargestellt – noch nicht abgeschlossen. Darauf ist noch zurückzukommen. Aber schon an dieser Stelle hakten von Anfang die Kritiker ein, der erste bereits zu Lebzeiten Anselms, der Mönch Gaunilo[48]. Der hielt Anselm entgegen, das Gleiche wie im Fall Gottes gälte ja etwa im Fall der wunderbarsten Insel, die sich denken lässt, die aber verloren gegangen sei (die alte „Atlantis"-Idee also). Auch sie müsste wegen der Asymmetrie zwischen „nur gedacht" und „wirklich existierend" aufgrund ihrer superlativischen Bestimmung „wunderbarste" existieren – wovon natürlich keine Rede sein könne. Im Grunde steht hinter dieser Kritik bereits der Standardeinwand, den auch Spätere aufgreifen werden, nämlich: dass Anselm in seinem Argument aus der logischen in die ontologische Ordnung springe. Interessant Anselms Antwort auf Gaunilo:

> „Ich versichere dir: wenn mir jemand in Wirklichkeit oder auch nur in Gedanken etwas findet außer dem ‚worüber hinaus größeres nicht gedacht werden kann', worauf sich die Logik dieses meines Arguments anwenden ließe, so werde ich ihm die verlorene Insel finden und geben, auf daß sie nicht mehr verlorengeht."[49]

Auch Thomas von Aquin hat das ontologische Argument abgelehnt, wie dieses insgesamt keineswegs als der wichtigste Gottesbeweis des Mittelalters gelten kann, was gelegentlich insinuiert wird. Im ersten Moment scheint die Ablehnung des Aquinaten allerdings darauf zurückzugehen, dass er von einer anderen Frageperspektive her argumentiert als Anselm und dessen Ausgangsbedingungen de facto missversteht. Thomas wendet ein, dass der, der den Ausdruck „Gott" hört, vielleicht nicht weiß, dass er etwas bezeichne, worüber hinaus Größeres nicht denkbar ist – wie ja manche geglaubt hätten, Gott sei etwas Körperliches.[50] D. h. Thomas bewegt sich hier noch auf der religionsphilosophischen Ebene der Klärung des Gottesbegriffs, während Anselm das – wie eben gezeigt – für sich und sein Gegenüber als geklärt voraussetzt. Doch dessen unbeschadet ist es Thomas, der im nächsten Satz der einschlägigen Passage den einzigen wirklich stichhaltigen Einwand gegen den ontologischen Gottesbeweis formuliert. Wie der genau aussieht, verrate ich aber erst später. Und ich mache die Sache deswegen ein wenig spannend, weil eben diese Leistung, den ontologischen Gottesbeweis ausgehebelt zu haben, in der Regel Kant zugeschrieben wird – und ich möchte vorführen, dass dies nur mit sehr begrenztem Recht geschieht. Darum erörtere ich an dieser Stelle zunächst die kantische Kritik am ontologischen

Argument und bringe dann vor ihrem Hintergrund samt den darin implizierten Leerstellen die eigentlich entscheidende thomanische Kritik zur Geltung.

Die cartesianische Reformulierung

Der systematische Gewinn aus dieser Schrittfolge kostet allerdings zuvor noch den Preis eines kleines Ausgriffs, der sich aber auch für sich genommen lohnen dürfte. Kant formuliert nämlich seine Kritik am ontologischen Argument nicht im Blick auf Anselm, sondern mit Bezug auf die Gestalt, die der ontologische Gottesbeweis im Zuge jener neuzeitlichen Neubegründung der Metaphysik bekommt, für die René Descartes (1596–1650) steht.

Nur wenige Sätze zur Situation: Unter dem Druck eines Bündels beirrender Erfahrungen verliert das überkommene Denken christlicher Provenienz einschließlich der in es involvierten Metaphysik seine Überzeugungskraft. Nominalistische Infragestellung faktisch möglichen Wissens über Gott und seinen Willen, der Verlust vertrauensvollen Schöpfungsglaubens unter dem Eindruck der großen Pestepidemien, der Zusammenbruch der gesellschaftlich tragenden Strukturen durch das abendländische Schisma, der verheerende Verschleiß der Glaubwürdigkeit der christlichen Tradition aufgrund der durch die Reformation bedingten Religionskriege – um nur die wichtigsten Faktoren zu nennen – erzwingen eine grundlegende Neuorientierung. Philosophische Welt- und Selbstbeschreibung wendet sich nach diesem Zusammenbruch alles äußeren Anhalts nach innen: zum seiner selbst bewussten Subjekt als der philosophischen Beschreibungsinstanz selbst. D. h. das berühmte – in den Augen mancher nachgerade berüchtigte – *„ego cogito, ego sum"* („Ich denke, ich existiere") Descartes' resultiert nicht aus einer Revolte gegen die Tradition, sondern aus deren Grundlagenkrise.

Gegen sie erschließt Descartes mit dem Instrumentar des methodischen Zweifels einen neuen Gewissheitsboden: Selbst wenn es einen Lügengott gäbe, der es vermöchte, mich über schlechthin alles zu täuschen, was es gibt – in einem könnte er mich nicht täuschen: dass ich es bin, der da getäuscht wird und sich täuscht. Konsequenz:

> „Und so komme ich, nachdem ich derart alles mehr als zur Genüge hin und her erwogen habe, schließlich zu dem Beschluß, daß dieser Satz: ‚Ich bin, ich existiere', so oft ich ihn ausspreche oder in Gedanken fasse, notwendig wahr ist."[51]

Nun prägt bereits dieses Basisargument Descartes' eine ersichtliche strukturelle Nähe zum ontologischen Gottesbeweis – ohne dass es an dieser Stelle bereits um einen solchen ginge. Zunächst wird lediglich die Denkfigur eines aus einem bestimmten Gedanken notwendig folgenden Seins in Anspruch genommen. Von ihm her geht es Descartes (und später auch anderen) um den Aufbau einer axiomatischen Metaphysik, also einer, deren Wissensbehauptungen methodisch gewonnen und darum auch wie andere wissenschaftliche Behauptungen an rationalistischen Standards gemessen werden können. Freilich gerät auch der Gottesgedanke selbst sehr schnell in dieses Gefälle – und daraus resultiert auch der Unterschied zwischen Anselms Argument und dem, was bei Descartes daraus wird.

Zunächst besteht – für Descartes – zwischen dem basalen Ich-Gedanken des *„ego cogito, ego sum"* und der Idee Gottes von vornherein eine innere Verflechtung – und zwar aus folgendem Grund: In das Denken, das im Ich seinen festen Grund hat, fallen verschiedenste Vorstellungen, so von Tieren, Menschen, Engeln und von Gott. Über die wirkliche Existenz des Vorgestellten ist damit wegen des methodischen Zweifels nichts gesagt, wiewohl sie in der Vernunft real sind. Darum müssen auch diese Vorstellungen – wie real Existierendes – einen zureichenden Grund haben. Der kann darin liegen, dass ich mir aus meiner Selbsterfahrung Vorstellungen zusammenmontiere; Fabelwesen wie etwa das

René Descartes (1596–1650)

Einhorn kommen ja genau so zustande. Nur im Fall der Idee Gottes ist das nicht möglich, sodass diese nur durch Einwirkung des real existierenden Gottes in meine Vernunft kommen kann. Der Grund dafür – Descartes wörtlich:

„Ich darf auch nicht vermeinen, ich erfasste das Unendliche nicht durch eine wahrhafte Idee, sondern nur durch die Verneinung des Endlichen, so wie ich die Ruhe und die Dunkelheit durch die Verneinung der Bewegung und des Lichtes erfasse. Denn ganz im Gegenteil sehe ich offenbar ein, daß mehr Realität in der unendlichen Substanz, als in der endlichen enthalten ist, und daß demnach der Begriff des Unendlichen dem des Endlichen, d.i. der Gottes dem meiner selbst in gewisser Weise vorhergeht. Wie sollte ich es sonst auch verstehen, daß ich zweifle, daß ich etwas wünsche, d.i. daß mir etwas mangelt und ich nicht ganz vollkommen bin, wenn gar keine Idee eines vollkommeneren Wesens in mir wäre, durch dessen Vergleichung ich meine Mangelhaftigkeit erkenne?"[52]

Der Geltungsanspruch des Ich-Gedankens wird mithin durch den Rückbezug auf den Begriff des Unendlichen gesichert, der seinerseits transzendentallogisch über die Mangelstruktur des Subjekts erschlossen wird. „Das im radikalen methodischen Zweifel seinen unhinterfragbaren eigenen Boden der Wirklichkeit auslotende Denken erkennt im gleichen Akt die Gottesidee als notwendige Möglichkeitsbedingung des Zweifelns"[53] – die, wie erläutert, nur vom real existierenden Gott her kommend gedacht werden kann. In gewisser Weise werden in dieser Gedankenfolge die Substanz des kosmologischen und des ontologischen Arguments zusammengeführt. Das Ineinander von Ich und Gott fasst Descartes dabei in den Begriff des Gleichnisses:

„Und es ist auch nicht zu verwundern, daß Gott bei meiner Erschaffung mir diese Idee eingepflanzt hat, gleichsam als das Zeichen, das der Künstler seinem Werke aufgeprägt hat. Übrigens braucht jenes Zeichen gar nicht etwas von dem Werke selbst Verschiedenes zu sein, sondern einzig und allein daher, daß Gott mich geschaffen hat, ist es recht glaubhaft, daß ich in gewisser Weise nach seinem Bilde und seiner Ähnlichkeit geschaffen bin und daß diese Ähnlichkeit – in welcher die Idee Gottes enthalten ist, – von mir durch dieselbe Fähigkeit erfaßt wird, durch die ich mich selbst erfasse"[54],

weshalb beide Erfassungen – die meiner selbst und diejenige der Idee Gottes – mit ontologischer Seinsgewissheit einhergehen. Von daher kann nicht überraschen, dass Descartes an späterer Stelle in den *„Meditationes"*, nämlich in der *„Meditatio V"*, nochmals ausdrücklich und für sich genommen auf die Gewissheit des Wissens um das Sein Gottes zurückkommt.

Die Vorstellung von Gott als einem höchsten vollkommenen Wesen – so Descartes[55] – finde ich in mir genauso vor wie die irgendeiner Figur oder Zahl. Desgleichen sehe ich ein, dass das Existieren geradezu naturhaft zu diesem höchsten vollkommenen Wesen gehört – so wie etwa zu einem Dreieck gehört, dass seine drei Winkel in der Summe zwei rechte Winkel ausmachen. Doch erscheint dies im ersten Moment als Trugschluss, sofern doch bei allen anderen Dingen Wesen und Dasein sich trennen lassen (wie natürlich auch im Fall des soeben als Beispiel bemühten Dreiecks). Näherem Zusehen freilich entpuppt sich diese Trennung im Fall Gottes als Widerspruch, sofern damit ein höchst vollkommenes Wesen gedacht werden müsste, dem es an einer gewissen Vollkommenheit mangele. Darum könne man Gott ohne Dasein ebenso wenig denken wie einen Berg ohne Tal – wobei natürlich auch dieses Beispiel im entscheidenden Punkt hinkt: Aus der notwendigen Denkverbindung von Berg und Tal folgt überhaupt nichts hinsichtlich der Frage, ob Berg und Tal existieren oder nicht. Darum spezifiziert Descartes an dieser Stelle:

„Doch nein! Hier liegt der Trugschluß; denn daraus, daß ich den Berg nicht ohne Tal denken kann, folgt allerdings nicht, daß der Berg und das Tal irgendwo existieren, sondern nur, daß der Berg und das Tal, sie mögen nun existieren oder auch nicht existieren, voneinander nicht getrennt werden können. Dagegen folgt daraus, daß ich Gott nur als existierend denken kann, daß das Dasein von Gott untrennbar ist, und demnach, daß er in Wahrheit existiert, – nicht als ob mein Denken dies bewirkte, oder als ob es irgendeiner Sache eine Notwendigkeit auferlegte, sondern im Gegenteil, weil ja die Notwendigkeit der Sache selbst, nämlich des Daseins Gottes, mich dazu bestimmt, dies zu denken. Denn es steht mir nicht frei, Gott ohne Dasein – d. h. das vollkommenste Wesen ohne die ganze Vollkommenheit – zu denken, wie es mir freisteht, mir ein Pferd mit oder ohne Flügel vorzustellen."[56]

Im weiteren Fortgang nimmt Descartes ausdrücklich diese mit dem Gottesgedanken einhergehende Gewissheit als Sicherung alles anderen Wissens in Anspruch, wie er das systematisch auch schon in der III. Meditation getan hatte. Eine kleine, aber nicht unbedeutende Beobachtung tritt hinzu: Descartes hatte die *„Meditationes"* noch vor ihrer Veröffentlichung etlichen anerkannt kompetenten Zeitgenossen zu kritischer Lektüre überlassen und veröffentlichte das Werk dann zusammen mit deren Einwänden und seinen jeweiligen Antworten darauf. In diesen „Antworten" zeigt sich, dass sich der Begriff der höchsten Vollkommenheit für Descartes unübersehbar in Richtung „höchste Macht" verschiebt und damit die Notwendigkeit seines Daseins aus der Macht dieses Wesens folgt.[57]

An dieser Verschiebung wird die Differenz zwischen Anselm und der Renaissance seines Arguments in der beginnenden Moderne klarer als je sonst, und an ihr hellt sich auch der Sinn der eigentümlichen literarischen Form des *„Proslogion"* auf, auf die ich schon kurz verwiesen hatte. Der gebetssprachlich-dialogische Rahmen des *„Proslogion"* insgesamt wie der des ontologischen Arguments speziell dient der Markierung, wo der steht, der den nachfolgenden Gedanken fasst. Insofern handelt es sich beim *„Proslogion"* um einen fundamentaltheologischen Diskurs, also um eine Rechenschaft über die Vernunftgemäßheit der verhandelten Inhalte, nicht um deren Deduktion aus letzten philosophischen Prinzipien. Genau um solche Prinzipien aber ist es Descartes zu tun. Die Verankerung der Untrennbarkeit von Wesen und Dasein Gottes im inhaltlichen Begriff der Macht (statt im rein formalen Begriff der Vollkommenheit) des höchsten Wesens verrät, wie wenig die alten Muster noch tragen.

Der Einwand Kants

Diese cartesianische Version des ontologischen Arguments bildet den Abstoßpunkt der kantischen Kritik, die – wie schon angedeutet – als substantiellster Einwand gegen das ontologische Argument gilt und Kants Kritik der Gottesbeweise insgesamt begründet. Der entscheidende Fehler ist nach Kants Ansicht schon in dem Augenblick begangen, wenn ein als möglich gedachtes Ding seinem Begriff nach bereits sein Dasein implizieren soll. Das komme zum Vorschein – so Kant – wenn gefragt werde, ob der Satz „Das und das existiert" ein analytischer oder synthetischer Satz sei. Wäre es ein analytischer Satz, einer also, bei dem das Subjekt schon das an die Prädikatstelle Gesetzte beinhaltet, dann wäre entweder der Gedanke selbst das in Frage stehende Ding oder aber es handelte sich lediglich um eine Tautologie. Wird der Satz über das Existieren von etwas dagegen synthetisch verstanden – wie es allein vernünftig ist –, wie soll dann die Aufhebung seines Prädikats zu einem Widerspruch führen? Folge:

> „Sein ist offenbar kein reales Prädikat, d. i. ein Begriff von irgend etwas, was zu dem Begriffe eines Dinges hinzukommen könne. Es ist bloß die Position eines Dinges, oder gewisser Bestimmungen an sich selbst. Im logischen Gebrauche ist es lediglich die Kopula eines Urteils. [...] Und so enthält das Wirkliche nichts mehr als das bloß Mögliche. Hundert wirkliche Taler enthalten nicht das mindeste mehr als hundert mögliche. Denn, da diese den Begriff, jene aber den Gegenstand und dessen Position an sich selbst bedeuten, so würde, im Fall dieser mehr enthielte als jener, mein Begriff nicht den ganzen Gegenstand ausdrücken, und also auch nicht der angemessene Begriff von ihm sein. Aber in meinem Vermögenszustande ist mehr bei hundert wirklichen Talern, als bei dem bloßen Begriffe derselben (d. i. ihrer Möglich-

keit). Denn der Gegenstand ist bei der Wirklichkeit nicht bloß in meinem Begriffe analytisch enthalten, sondern kommt zu meinem Begriffe (der eine Bestimmung meines Zustandes ist) synthetisch hinzu, ohne daß, durch dieses Sein außerhalb meinem Begriffe, diese gedachten hundert Taler selbst im mindesten vermehrt werden."[58]

Durch die Existenzaussage kommt zum Begriff des betroffenen Dings nicht das Mindeste hinzu, sonst umfasste sein Begriff nicht das, was es ist und wäre damit nicht Begriff von dem, als dessen Begriff es gilt. Würde ich etwas denken, das über alle ihm zuschreibbaren Realitäten verfügt außer einer, so würde dadurch, dass es existiert, dieser sein Mangel nicht aufgehoben, sondern es würde als mit jenem einen Mangel behaftetes Seiendes existieren. Und darum – so Kant – wird auch im Fall eines als höchste Realität gedachten Seienden durch diese seine Bestimmung als höchste Realität die Frage, ob es ist oder nicht ist, nicht entschieden. Kants Resümee aus dieser Theoriesituation:

„Es ist also an dem so berühmten ontologischen (Cartesianischen) Beweise, vom Dasein eines höchsten Wesens, aus Begriffen, alle Mühe und Arbeit verloren, und ein Mensch möchte wohl eben so wenig aus bloßen Ideen an Einsichten reicher werden, als ein Kaufmann an Vermögen, wenn er, um seinen Zustand zu verbessern, seinem Kassenbestand einige Nullen anhängen wollte."[59]

Dieser kantische Vorbehalt gegen das ontologische Argument ist gewichtig. Es ist nicht zu sehen, wie seiner kategorischen Differenzierung von Prädikat und Existenzaussage zu widersprechen wäre – es sei denn dadurch, dass sich ihr Gültigkeitsbereich begründet einschränken lässt. Genau dies aber ist möglich, ja sogar notwendig. Kant selbst vermag nämlich Begriff und Wirklichkeit innerhalb seines eigenen Denkens keineswegs so strikt auseinander zu halten, wie er das für seine Kritik des ontologischen Arguments in Anspruch nimmt – und kann das genau besehen auch gar nicht, und zwar aufgrund von zwei ganz zentralen Punkten seiner Konzeption:

Immanuel Kant (1724–1804)

(a) Zum einen hält Kant – gewiss auf seine Weise, aber doch substantiell – fest an dem augustinisch-cartesischen Gedanken, dass das Bewusstsein meiner selbst notwendig mit dem Gedanken einhergeht, dass ich als mir bewusster unfehlbar auch existiere. *„Si enim fallor, sum"*[60], hatte Augustinus formuliert, „Wenn ich mich täusche, bin ich". Das war so etwas wie die Urform des *„Ego cogito, ego sum"* gewesen, dessen Gewissheit für Descartes, wie gezeigt, ihre Stärke daraus zieht, dass selbst ein Lügengott die Gewissheitsbasis des Selbstbewusstseins nicht auszuheben vermöchte. Daran hält Kant unbeschadet seiner Distanz zu Descartes' Metaphysik fest. Zwar erkennen wir uns als Subjekte nur als Erscheinung, aber nicht an uns selbst, dennoch gilt:

> „Dagegen bin ich mir meiner selbst in der transzendentalen Synthesis des Mannigfaltigen der Vorstellungen überhaupt, mithin in der synthetischen ursprünglichen Einheit der Apperzeption, bewußt, nicht wie ich mir erscheine, noch wie ich an mir selbst bin, sondern nur, daß ich bin. Diese Vorstellung ist ein Denken, nicht ein Anschauen."[61]

Damit gibt es auch für Kant den Fall eines unmittelbar aus Denken resultierenden Daseins, also genau das, was er im Gang seiner Kritik am ontologischen Argument prinzipiell ausgeschlossen hatte. Anders gesagt: Im Feld der theoretischen Vernunft gibt es damit an schlechthin zentraler Stelle – nämlich innerhalb der „Transzendentalen Deduktion", also der Stelle, wo über die letzten Gründe von Erkenntnis überhaupt entschieden wird – den Fall einer Koinzidenz von Begriff und Existenz.

(b) Genau der gleiche Fall tritt auch im Bereich der praktischen Philosophie auf – und wiederum an zentraler Stelle. Den Leitbegriff der praktischen Vernunft, also der Ethik, bildet für Kant das „Sollen". Dieser Begriff kann aber nur als sinnvoll gedacht werden, wenn das, was unter seinem Vorzeichen geboten ist, sich grundsätzlich realisieren lässt. Eine prinzipielle Nichtrealisierbarkeit des sittlich Gesollten, würde dieses selbst aufheben. Insofern schließt der Sinn des Begriffs des Sollens eine Dimension von Wirklichkeit ein, also Existenz – wiederum steht also in der Mitte der kantischen Philosophie die Denkfigur, die seine Kritik des ontologischen Gottesbeweises ausschließt. In jedem Fall steht damit fest, dass unter bestimmten Bedingungen der Übergang von der logischen zur ontologischen Ordnung, vom Begriff zur Existenz, keine gedankliche Inkonsistenz impliziert.

Proslogion III

Es gibt noch eine zweite Grenze für Kants Kritik, und die wird deutlich, wenn man – wie im Vorausgehenden schon angedeutet – bei der Analyse des anselmianischen Gottesbeweises nicht bei „Proslogion II" stehen bleibt, sondern die sprachlich unzweideutig als solche markierte Fortsetzung des Arguments in „Proslogion III" mit in Betracht zieht. Kapitel III schließt im lateinischen Original mit einem Relativpronomen an Kapitel II an. Der erste Satz des III. Kapitels bezieht sich unmittelbar auf den Schlusssatz des Kapitels II, dass etwas, worüber hinaus Größeres nicht gedacht werden könne, dem Denken wie der Sache nach ohne Zweifel wirklich sein müsse. Jetzt weiter im Originalton:

> „[Quod utique sic vere est ...] Das existiert schlechthin so wahrhaft, daß auch nicht gedacht werden kann, daß es nicht existiert. Denn es läßt sich denken, daß es etwas gibt, das als nichtexistierend nicht gedacht werden kann – was größer ist, als was als nichtexistierend gedacht werden kann. Wenn deshalb ‚das, über dem Größeres nicht gedacht werden kann', als nichtexistierend gedacht werden kann, so ist eben ‚das, über dem Größeres nicht gedacht werden kann', nicht das, über dem Größeres nicht gedacht werden kann; was sich nicht vereinbaren läßt. So wirklich also existiert ‚etwas über dem Größeres nicht gedacht werden kann', daß es als nichtexistierend auch nicht gedacht werden kann. Und das bist Du, Herr, unser Gott."[62]

Im Argument aus Kapitel II hatte Anselm die Implikation der Existenz in dem von ihm vorausgesetzten Gottesbegriff entfaltet, hier in der Fortführung des Gedankens wird zusätzlich gezeigt, dass das Nicht-Existieren dieses Gottes nicht einmal gedacht werden kann, dass es sich also um *notwendige Existenz* handelt – und das macht die eigentliche Spezifizierung des Daseins Gottes gegenüber allem anderen Seienden aus. Die Pointe dabei: Dieser zweite Teil der Argumentation bleibt auch dann in Geltung, wenn man gegen den ersten Teil den Vorwurf des Sprungs von der logischen zur ontologischen Ebene erhebt, weil hier im zweiten Teil überhaupt kein Übergang von der einen zur anderen Ebene stattfindet, sondern eine nähere Bestimmung des Seinsbegriffs für den Fall des Gottesgedankens. Wer den Begriff dessen, worüber hinaus Größeres nicht gedacht werden kann, denkt, muss ihm Sein in der Weise der Notwendigkeit zuschreiben, unabhängig davon, ob nun Sein als ein qualitatives Mehr über den Begriff hinaus verstanden wird (so Anselm) oder nicht (so die Kritiker). Insofern lässt sich Kants Kritik am allerrealsten Wesen auf Anselms Gottesbegriff gar nicht anwenden – obwohl sie für den Fall eines solchen allerrealsten Wesens durchaus triftig ist. Oder anders gewendet: Den Kern von Anselms Argument macht nicht das Nebeneinander von Gedanke und Wirklichkeit und die Asymmetrie des „mehr" im Fall des zweiten aus, sondern dass der, der etwas denkt, worüber hinaus Größeres nicht gedacht werden kann, im Vollzug dieses Gedankens entdeckt, dass von jenem denkbar Größten nicht einmal gedacht werden könne, dass es nicht existiere.

Haben wir also trotz aller Einwände zumindest in der anselmianischen Variante des ontologischen Arguments einen „wasserdichten" Gottesbeweis? Anselm sah das so, aber: Weit gefehlt! Obwohl Anselm seine Argumentation aus einer Analyse der Vernunft gewinnt, lässt sich auch gegen ihn nochmals die Aufklärung der Beteiligung des Subjekts an dem Reflexionsprozess einklagen, die wir bereits gegenüber Thomas von Aquin geltend gemacht haben. Was also, so muss man unter dieser Voraussetzung fragen, hat Anselm genau bewiesen? Er hat gezeigt, dass die Vernunft dann, wenn sie über alles Seiende hinausgreift, etwas denken *muss*, von dem unmöglich ist, zu denken, dass es nicht existiere. Das entscheidende Wort in dem Satz soeben ist das „*muss*". Lässt sich die Vernunft darauf ein, nicht nur gegebenes Seiendes zu denken, sondern an dessen Grenze zu gehen, ist sie gezwungen so zu denken, wie im ontologischen Argument nachgezeichnet. Was ist damit über das als notwendig existierend zu denkende Sein hinsichtlich seines Seins gesagt? Gar nichts! Denn es könnte genauso sein, dass unsere Vernunft – modern gesprochen – so programmiert ist, dass sie nicht anders kann, als so zu denken, wie das ontologische Argument es dokumentiert, ohne dass dieser Gedanke in der Realität einen Anhalt hätte. In der Vernunft könnten Täuschungsquellen liegen, die der Selbstaufklärung der Vernunft prinzipiell entzogen sind, sodass sie selbst noch in ihrem folgerichtigsten Denken ins Leere läuft. Ein ausgesprochen moderner Gedanke, möchte man meinen, und wir werden in dieser Hinsicht auch noch auf ihn zurückzukommen haben.

Aber diese Modernität ist nur eine vermeintliche. Und hier schließt sich auf durchaus verblüffende Weise ein Kreis: Denn genau dieser Gedanke macht zumindest dem Ansatz nach den zweiten und eigentlichen Teil der Kritik aus, die Thomas von Aquin an Anselms Argument äußert. Unmittelbar nach der Überlegung, dass nicht jeder, der den Ausdruck „*Gott*" hört, an das denkt, worüber hinaus Größeres nicht gedacht werden könne, fährt der Aquinate fort:

> „Aber auch zugegeben, daß jedermann unter dem Ausdruck ‚Gott' ein Wesen verstehe, über das hinaus nichts Größeres gedacht werden kann, so folgt daraus noch nicht, daß man dieses durch den Namen ‚Gott' bezeichnete Wesen auch als wirklich seiend erkenne, sondern nur, daß es sich in unserem Denken findet."[63]

Das kann man beinahe ein Argument nietzscheanischen Kalibers nennen. Trotzdem könnte dem ontologischen Gottesbeweis eine wichtige Doppelfunktion zuerkannt werden: (a) Einerseits die der Selbstvergewisserung eines Glaubenden über den Gehalt seines Glaubens, näherhin eine Vergewisserung, die in der Tat bis an den äußersten Rand des überhaupt Vergewisserbaren zu gehen wagt. Der dialogische Rahmen in der Sprache des Gebets legt das ja direkt nahe: Er umfasst nicht nur das *„Proslogion"* als ganzes, sondern sehr speziell auch das ontologische Argument, sofern auch die ersten beiden Sätze des Kapitels II noch dialogisch sind und der Text unmittelbar nach dem letzten Satz des zweiten Argumentteils im Kapitel III wieder dialogisch wird. Und (b) markiert die ganze Darlegung natürlich paradigmatisch den Standort dessen, der da spricht, erfüllt also eine kommunikative Funktion. Beide Funktionszuschreibungen sind allerdings nur möglich, wenn die interne Struktur des Arguments keine Einwände auf sich zieht – die klassischen Kritiken, die eben durchgearbeitet wurden, betreffen ja den ontologischen Anspruch des Arguments.

Zeitgenössische Auseinandersetzungen mit dem ontologischen Argument

Nun gibt es aber tatsächlich Einwände sozusagen auch unterhalb dieses Niveaus, was diese Einwände freilich im Grunde auch fundamentaler macht. Der ontologische Gottesbeweis hat mehr als jedes andere einschlägige Argument das Interesse der zeitgenössischen Philosophie geweckt und – pro wie contra – zu Stellungnahmen hinsichtlich seiner Gültigkeit provoziert, die sich auf neuere philosophische Mittel stützen, die Kant, geschweige Thomas noch nicht zur Verfügung standen. Darum gibt es zum Teil ausführliche Wortmeldungen in der Sache von Gottlob Frege (1848–1925), Bertrand Russell (1872–1970), Peter F. Strawson (*1919),

Alvin Plantinga (*1932), Charles Hartshorne (1897–2000), Norman Malcolm (1911–1990) und John L. Mackie (1917–1981), um die Wichtigsten zu nennen. Ausnahmslos alle der eben Genannten sind der analytischen Philosophie zuzurechnen, d.h. im Vordergrund ihrer Überlegungen stehen logische, grammatische und semantische Fragen. Mit Mackie werden wir es auch noch eigens zu tun bekommen, da aus seiner Feder die scharfsinnigste und zugleich heftigste philosophische Bestreitung eines vernunftgemäßen Gottesgedankens stammt. Manche tun diese Formen der Auseinandersetzung mit dem ontologischen Argument als rationalistisch ab. Ich möchte es aber auch in diesem Fall – wie generell – lieber mit Thomas von Aquin halten, der überzeugt war, dass jede Wahrheit, von wem auch immer sie ausgesprochen werde, vom Heiligen Geist komme.[64] Insofern besteht aller Anlass, wenigstens einige ausgewählte Auseinandersetzungen der Gegenwart mit dem ontologischen Gottesbeweis in Blick zu fassen.

Frege: quantenlogische Interpretation von Existenz

Der Anfang sei mit Gottlob Frege gemacht. Frege geht es um eine Präzisierung des kantischen Einwands, dass Sein kein reales Prädikat sein könne. Er tut das mittels seiner Unterscheidung von Begriffen erster und zweiter Stufe. Unter *Begriffe erster Stufe* fallen *Gegenstände*, unter solche *zweiter Stufe* fallen *Begriffe* erster Stufe. Entsprechend müssen auch Eigenschaften unterschieden werden. „Existenz" ist eine Eigenschaft zweiter Stufe, d.h. der Begriff zeigt an, dass ein bestimmter Begriff erster Stufe nicht leer, sondern erfüllt ist. Es gibt also etwas, das unter den Begriff erster Stufe fällt. Damit ist Existenz als Eigenschaft von Begriffen bestimmt – und nicht als solche von Gegenständen. Frege selbst hat diese Überlegung auf den ontologischen Gottesbeweis bezogen und darum gegen ihn eingewandt, dass er Existenz fälschlicherweise als Begriff erster Stufe behandle.[65]

Allerdings folgt daraus nicht, dass singuläre Existenzsätze sinnlos seien. Sie drücken aus, dass ein Eigenname oder eine Kennzeichnung unter den Begriff des Bezeichnens oder Nichtbezeichnens fallen. Der Satz „Gerhard Schröder existiert" ist sinnvoll, allerdings genauso wie der Satz „Es gibt den Pegasus". D.h.: Auch der Satz „Gott existiert" bleibt sinnvoll, ohne dass damit behauptet wäre, der Eigenname bezeichne etwas Reales. Daraus folgt für das ontologische Argument: Auch wenn aus dem Wesen Gottes begrifflich konsistent sein Sein folgt, ist damit über seine Wirklichkeit nur definitorisch, nicht aber real etwas ausgemacht. Gesagt werden kann nur: Wenn es Gott gibt, dann kann er nicht *nicht existieren*. Gibt es ihn *nicht*, dann ist es unmöglich, dass er existiert – und beides aus Gründen seines Seins.

Unterm Strich heißt das: Über die vorausgehende (quantenlogische) Interpretation von Existenz ergibt sich eine logisch-semantische Begründung dessen, was vorhin schon aus erkenntnistheoretischem Grund der Sache nach von Thomas her einschränkend über den ontologischen Geltungsanspruch des ontologischen Arguments zu sagen war. Und die damit einhergehende Präzisierung ist gewiss kein Nachteil. Ungleich folgenreicher jedoch nimmt sich die Weise aus, wie sich die Differenz zwischen Anselms Argument und seiner Neufassung durch Descartes analytisch reformulieren und vor allem präzisieren lässt. Die cartesianische Version kann in die Form eines einfachen Syllogismus gebracht werden:

(1) Gott verfügt mit Notwendigkeit über alle Vollkommenheiten.
(2) Existenz ist eine Vollkommenheit.

---

(3) Also muss Gott existieren.

Anders jedoch nach analytischer Auffassung das Argument Anselms. Bei diesem handle es sich nicht um einen Syllogismus, sondern um eine *reductio ad absurdum*, also das Verfahren, dass etwas dadurch begründet wird, dass sein Gegenteil als unmöglich ausgeschlossen werden kann. Dann stellt sich Anselms Gedankenführung folgendermaßen dar[66]:

(1) Gott ist das, worüber hinaus nichts Größeres gedacht werden kann.
(2) Gott ist nur etwas im Denken, nichts in der Wirklichkeit.
(3) In der Wirklichkeit sein ist „mehr" als nur in Gedanken sein.
(4) Es kann etwas gedacht werden, worüber hinaus nichts Größeres gedacht werden kann (= Gott) und zusätzlich seine Existenz.
(5) Etwas als denkbar Größtes Gedachtes (= Gott) zusätzlich seiner Existenz ist größer als Gott.
(6) Es kann etwas Größeres als Gott gedacht werden, der gemäß Schritt (1) definiert ist als das, worüber hinaus Größeres nicht gedacht werden kann.
(7) Aus (1) folgt, dass (6) falsch sein muss.
(8) Damit ist klar: Gott kann nicht allein im Verstand sein, sondern muss auch in der Wirklichkeit existieren.
(9) Klar ist, dass Gott im Verstand existiert (weil ja auch der Bestreiter versteht, worum es geht).
(10) Aber eben darum muss er auch in Wirklichkeit existieren.

Das bedeutet: Das Argument muss – anselmianisch gedacht – gültig sein, weil sich die Nichtexistenz Gottes als unmöglich ausschließen lässt. Die Pointe bei dieser Reformulierung des Arguments als *reductio ad absurdum* unter analytischem Vorzeichen besteht nun darin, dass sich einer der Schritte in dem Reduktionsgang als ausgesprochen ungeklärt erweist – und zwar einer, von dem man das auf den ersten Blick nicht annehmen würde, nämlich nicht etwa der Schritt (3) mit seinem Axiom des „mehr" der Wirklichkeit gegenüber dem Begriff, sondern der scheinbar so harmlose

Schritt (1). Unklar ist nämlich, ob es sich bei dem Satz „*Gott ist das, worüber hinaus nichts Größeres gedacht werden kann*" um eine Definition oder um eine Aussage handelt, ebenso ob der Ausdruck „*Gott*" ein Eigenname oder ein Prädikatausdruck ist.

Letzteres bedeutet: Im Fall, dass es sich um einen Prädikatausdruck handelt, wird allem, dem „Gottsein" zuerkannt wird, die Eigenschaft zugeschrieben, etwas zu sein, worüber hinaus Größeres nicht gedacht werden kann. Diese Interpretationsmöglichkeit macht zumindest augenfällig, dass selbst dann, wenn das ontologische Argument Anselms in der von ihm vorgelegten Form als stimmig zu gelten hätte, eine Lücke bliebe: nämlich der Nachweis, dass es ein und *nur ein* Wesen gibt, worüber hinaus nichts Größeres gedacht werden kann. Ist das Problem gesehen, wird natürlich sofort auch klar, dass ihm die Interpretation des Ausdrucks „Gott" als eines Eigennamens nicht weniger unterliegt – nur dass dabei noch zusätzliche und vor allem die eigentlichen Probleme auftreten:

Aus dem Zusammenhang des anselmianischen Textes geht einigermaßen klar hervor, dass er „*Gott*" als Eigenname versteht. Damit ergeben sich für den Ausgangssatz folgende Interpretationsmöglichkeiten:

(a) Es handelt sich um eine Definition, und der Ausdruck „*Worüber hinaus nichts Größeres gedacht werden kann*" ist eine Kennzeichnung.

(b) Es handelt sich um eine Aussage, und der Ausdruck „*Worüber hinaus nichts Größeres gedacht werden kann*" ist eine Kennzeichnung, so dass es sich um eine Identitätsaussage handelt.

(c) Es handelt sich um eine Aussage, und der Ausdruck „*Worüber hinaus nichts Größeres gedacht werden kann*" ist ein Prädikator, durch den der an der Subjektstelle des Satzes stehenden Entität eine Eigenschaft zugesprochen wird.

Handelt es sich um eine *Definition*, dann kann aus dieser nichts über die Wirklichkeit des mit ihr Gemeinten ausgemacht werden. Handelt es sich um eine *Identitätsaussage*, dann könnte deren kognitiver Gehalt nur im Rückgang auf das durch sie doppelt Designierte geklärt werden, d.h. die nachfolgende Beweisführung erübrigt sich. Handelt es sich um eine *prädikative Aussage*, dann müsste für die Wahrheit der Aussage zunächst geklärt werden, ob sich der Ausdruck „Gott" überhaupt auf etwas bezieht, und die dafür nötige Identifizierung wäre wohl nur durch eine Beschreibung möglich, die ausschließlich auf Gott zutrifft. Daraus aber folgte wiederum, dass Anselms Beweisgang überflüssig ist, weil er für sich selbst schon die Klärung des Daseins Gottes voraussetzt. Also: Das Argument, das eine *reductio ad absurdum* intendiert, wird selbst einer solchen unterworfen.

Diesem radikalen Verdikt über das ontologische Argument durch die analytische Philosophie stehen aber nirgends anders als in dieser selbst anspruchsvollste Reformulierungen in verteidigender Absicht gegenüber. Die wohl ausgearbeitetste möchte ich kurz zur Sprache bringen, weil sie gut belegt, auf welchem Niveau die Gottesfrage heute philosophisch reflektiert wird. Dass das ausgerechnet am Leitfaden des alten Arguments Anselms geschieht, verrät ja nur einmal mehr, dass er mit seinen Gedanken in eine Nähe zur Sache gelangte, die auch die Widerlegbarkeit im Einzelnen nicht mehr aufzuheben vermag – und können wir philosophisch in der Gottesfrage überhaupt weiterkommen als in eine solche Nähe, die vom Entzug des zu Denkenden durchherrscht wird?

Plantinga: Modale Logik

Bei der Fortschreibung des ontologischen Arguments, an die ich in diesem Zusammenhang denke, handelt es sich um das Konzept Alvin Plantingas.[67] Plantinga rollt das ganze Problem sozusagen von der Schlusswendung der Argumentation Anselms her auf. Wie erläutert, hatte dieser im zweiten Teil seiner Überlegung zu dem, worüber hinaus Größeres nicht gedacht werden kann, dessen Sein als notwendig, also modal bestimmt. Daran knüpft Plantinga formal an: Er entwirft mit Hilfe der modalen Logik ein System möglicher Welten, um in seinem Rahmen Sätzen über Mögliches und Notwendiges präzise Bedeutungen zu geben. Im Übrigen bewegt sich die gesamte zeitgenössische Diskussion des ontologischen Arguments an den Modalbegriffen der Möglichkeit, Unmöglichkeit und Notwendigkeit entlang.

Die Konstruktionslinie von Plantingas Denkfigur bilden zwei begriffliche Festlegungen: (a) Die „*Maximale Vortrefflichkeit*" – darunter versteht er das Gesamt der Bestimmungen des Wesens Gottes, worunter er (in ersichtlicher Nähe zu Descartes) Allwissenheit, Allmacht und moralische Vollkommenheit fasst. (b) Die zweite Festlegung heißt „*Unüberbietbare Größe*". Unter ihr versteht er „die Eigenschaft maximaler Vortrefflichkeit in jeder möglichen Welt"[68]. Dabei ist die Rede von „möglichen Welten" gar nichts Neues, sie begegnet der Sache nach schon bei Nikolaus von Kues (1401–1464) und wörtlich bei Leibniz.[69] Daraus folgt: Besitzt etwas maximale Vortrefflichkeit in einer möglichen Welt $W1$, dann kann ihm in einer anderen Welt $W2$ diese Vortrefflichkeit fehlen, in einer dritten Welt $W3$ tritt es überhaupt nicht auf. Tritt etwas aber in der Welt $W1$ mit unüberbietbarer Größe auf, so würde daraus folgen, dass es in jeder möglichen Welt existiert und in jeder von ihnen maximal vortrefflich und zugleich unüberbietbar groß wäre.

Das entscheidende Argument lautet so: Es ist eine Welt möglich, in der unüberbietbare Größe, also maximale Vortrefflichkeit in jeder möglichen Welt, als wirklich auftritt. Diese Wirklichkeit aber ist so verfasst, dass sie entweder in jeder oder aber in keiner möglichen Welt auftritt. Wenn sie auftritt – und es gibt eine mögliche Welt, in der sie auftritt – muss sie in jeder möglichen Welt, also auch der existierenden, als wirklich gegeben sein. Denn was notwendig oder unmöglich ist, kann nicht von Welt zu Welt variieren. Folglich gibt es auch in der Welt, die die jetzige ist, etwas von unüberbietbarer Größe im Sinn von maximaler Vortrefflichkeit in jeder möglichen Welt – was zu beweisen war.

Selbst ein so scharfer Kritiker allen philosophischen Gottdenkens wie John L. Mackie gesteht Plantinga unumwunden zu, schlüssig zu argumentieren.[70] Und trotzdem ist die ganze Beweisführung mit einer schweren Hypothek behaftet – die im Übrigen Plantinga ehrlicherweise gleich selbst ins Spiel bringt: Mit derselben Logik, mit der die notwendige Existenz einer unüberbietbaren Größe bewiesen wird, kann auch deren Unmöglichkeit bewiesen werden. Plantinga nennt dies das *Argument der Nichtmaximalität*. Wenn es eine mögliche Welt gibt, in der *Nichtmaximalität* gegeben – also unüberbietbare Größe nicht gegeben – ist, und natürlich kann es die geben, dann ist unüberbietbare Größe nicht in jeder Welt exemplifiziert (wie der typische Ausdruck Plantingas lautet). Dann aber ist sie – wegen ihrer Bestimmung, maximale Vortrefflichkeit in jeder möglichen Welt zu sein – überhaupt nicht exemplifiziert, d. h. unüberbietbare Größe ist unmöglich. Anders gesagt: Im Rahmen des modalen Ansatzes kann für die notwendige Existenz Gottes genauso argumentiert werden wie für die Unmöglichkeit, dass es Gott gibt:

„Läßt sich von der logischen Nichtwidersprüchlichkeit des Gottesbegriffs der maximalen Größe auf die Möglichkeit seiner Exemplifizierung in einer möglichen Welt und damit auf die Notwendigkeit seiner Exemplifizierung in dieser und jeder anderen möglichen Welt schließen, dann gilt das ganz entsprechend auch für seine Negation, den Begriff der nichtmaximalen Größe. Ist der eine Begriff logisch widerspruchsfrei, dann ist es auch der andere, und kann und muß der eine exemplifiziert werden, dann gilt das auch für den anderen."[71]

Bündig gesagt: Die elaborierteste Neuformulierung des ontologischen Arguments treibt in eine ontologische Antinomie. Plantinga zieht daraus den Schluss, dass damit die Annahme einer notwendigen Existenz zumindest genauso rational gerechtfertigt ist wie die Annahme seiner notwendigen Nichtexistenz. Mackie dagegen fordert aus eben dem gleichen Grund der Antinomie die Enthaltung von jedweder Option für eine der beiden Formen des ontologischen Arguments. Der evangelische Theologe Ingolf U. Dalferth sieht einen Ausweg aus dieser Antinomie: Man gerät in sie erst gar nicht hinein, wenn man die modale Ebene verlässt, also nicht nach Möglichkeit bzw. Unmöglichkeit und Notwendigkeit Gottes fragt und damit die Kontingenz ausschließt. Die Aussagen, dass es möglich ist, dass Gott *existiert*, und dass es möglich ist, dass Gott *nicht existiert*, schließen sich nämlich dann nicht mehr gegenseitig aus, wenn Gott als kontingent existierendes Wesen gedacht wird, also als etwas, das sein kann, aber nicht sein muss. Dem lässt sich theologisch – gerade in christlicher Perspektive – entgegen dem ersten Eindruck durchaus ein Sinn abgewinnen, nämlich in Gestalt einer von den Begriffen der Liebe und der Freiheit gesteuerten Theologie des Sich-selbst-verständlich-Machens Gottes. Möglich ist dieses Unterlaufen der ontologischen Antinomie jedoch nur um den Preis, Gedanken wie den des ontologischen Arguments für einen problematischen und im Letzten irreführenden gedanklichen Umgang mit der zu denkenden „Sache" zu halten.[72]

Das freilich ist nur bedingt originell. Denn zum gleichen Resultat war auch schon Kant gekommen – nur mit dem Unterschied, dass er sich im Gang seiner Kritik der Gottesbeweise nicht aus der philosophischen Theologie in Richtung Offenbarungstheologie gleichsam „hinausreflektierte". Vielmehr hat Kant vor dem Hintergrund seiner Kritik eine völlig neue Weise philosophischer Vergewisserung über den Gottesgedanken erschlossen. Und von der hat im Folgenden als der dritten klassischen Großargumentation die Rede zu sein.

4. Der moralische Gottesbeweis

Vergegenwärtigen wir uns nochmals kurz Kants Kritik an den herkömmlichen Gottesbeweisen: Der entscheidende Einwand hatte gelautet, dass Sein niemals ein reales Prädikat sein könne, weil zum Begriff von etwas hinsichtlich seiner Eigenschaften nicht das Geringste hinzukommt, wenn es existiert. Wenn von Gott gesagt wird, er sei,

> „[…] so setze ich kein neues Prädikat zum Begriffe von Gott, sondern nur das Subjekt an sich selbst mit allen seinen Prädikaten, und zwar den Gegenstand in Beziehung auf meinen Begriff. Beide müssen genau einerlei enthalten, und es kann daher zu dem Begriffe, der bloß die Möglichkeit ausdrückt, darum, daß ich dessen Gegenstand als schlechthin gegeben (durch den Ausdruck: er ist) denke, nichts weiter hinzukommen. Und so enthält das Wirkliche nichts mehr als das bloß Mögliche."[73]

Dann kommt die Passage mit den hundert Talern. Zu ergänzen bleibt noch die Begründung für die auch schon erwähnte These Kants, dass auch die beiden anderen großen Argumentationsformen – der kosmologische und der physikotheologische (oder teleologische) Gottesbeweis im Kern vom ontologischen Argument zehren, und zwar insofern als dem physikotheologischen der kosmologische, diesem wiederum der ontologische Beweisgang zu Grunde liege.[74] Im Fall des kosmologischen Arguments liegt das für Kant sehr unmittelbar auf der Hand. Er gibt ihm die Form: Wenn überhaupt etwas existiert, muss auch ein schlechterdings notwendiges Wesen existieren. Da aber zumindest ich selbst existiere, existiert folglich auch jenes absolut notwendige Wesen.[75] Dieses notwendige Wesen nun kann nur durch ein einziges Prädikat bestimmt sein, das seinen Begriff a priori – also vorweg zu aller Erfahrung – durchgängig bestimmt. Und das tue einzig der Begriff des allerrealsten Wesens. Nur kraft seiner kann ein notwendiges Wesen gedacht werden, so dass notwendig ein höchstes Seiendes existiert. Das heißt: Entgegen dem Eindruck, den der kosmologische Beweis erweckt, hat also sein argumentatives Resultat mit der Dimension der Erfahrung, auf die er sich doch zu stützen behauptet, überhaupt nichts zu tun:

> „Es ist also eigentlich nur der ontologische Beweis aus lauter Begriffen, der in dem sogenannten kosmologischen alle Beweiskraft enthält, und die angebliche Erfahrung ist ganz müßig, vielleicht, um uns nur auf den Begriff der absoluten Notwendigkeit zu führen, nicht aber, um diese an irgend einem bestimmten Dinge darzutun."[76]

Unabhängig von dieser internen Verschiebung der Argumentationslinie sieht Kant aber auch mit dem Begriff eines unbedingt notwendigen Wesens für eine philosophische Theologie nicht nur nichts ausgetragen, sondern eine fundamentale Irritation der Vernunft in Gang gesetzt: Man könnte sich vorstellen, dass ein solches höchstes notwendiges Wesen zu sich selber sagte:

> „Ich bin von Ewigkeit zu Ewigkeit, außer mir ist nichts, ohne das, was bloß durch meinen Willen etwas ist; aber woher bin ich denn? Hier sinkt alles unter uns, und die größte Vollkommenheit, wie die kleinste, schwebt ohne Haltung bloß vor der spekulativen Vernunft, der es nichts kostet, die eine so wie die andere ohne die mindeste Hindernis verschwinden zu lassen."[77]

Die Einschachtelung des ontologischen Arguments in den physikotheologischen Beweis lässt sich nicht so unmittelbar erkennen wie im Fall des kosmologischen Arguments, gleichwohl gewinnt er auch seine Schlussfolgerung begrifflich und nicht unter Rekurs auf die Empirie, von der er seinen Ausgang nimmt. Dieser liegt auf der Hand: In der Welt der Dinge tritt eine Ordnung auf, die nicht aus ihnen kommen kann, also muss dahinter eine – und zwar eine einzige – lenkende Intelligenz stehen. Nur ist damit über diese Instanz selbst noch überhaupt nichts gesagt. Geschlossen wird ja aus der Zweckmäßigkeit der an ihr selbst zufälligen Welt auf eine dieser Zweckmäßigkeit entsprechenden Ursache. Nur kann dabei über diese Ursache wiederum nichts Bestimmtes gesagt werden, weil sich aus der Art der empirisch wahrgenommenen Geordnetheit der Welt über das Verhältnis zwischen dieser und ihrem Urheber nichts ausmachen lasse:

> „Nachdem man bis zur Bewunderung der Größe der Weisheit, der Macht etc. des Welturhebers gelanget ist, und nicht weiter kommen kann, so verläßt man auf einmal dieses durch empirische Beweisgründe geführte Argument, und geht zu der gleich anfangs aus der Ordnung und Zweckmäßigkeit der Welt geschlossenen Zufälligkeit derselben. Von dieser Zufälligkeit allein geht man nun, lediglich durch transzendentale Begriffe, zum Dasein eines Schlechthinnotwendigen, und von dem Begriff der absoluten Notwendigkeit der ersten Ursache auf den durchgängig bestimmten oder bestimmenden Begriff desselben, nämlich eine allbefassende Realität. Also blieb der physischtheologische Beweis in seiner Unternehmung stecken, sprang in dieser Verlegenheit plötzlich zu dem kosmologischen Beweise über, und da dieser nur ein versteckter ontologischer Beweis ist, so vollführte er seine Absicht wirklich bloß durch reine Vernunft, ob er gleich anfänglich alle Verwandtschaft mit dieser ableugnet und alles auf einleuchtende Beweise aus Erfahrung ausgesetzt hatte."[78]

Mit der Durchführung dieser Reduktion aller philosophischen Theologie auf das – an sich bereits ausgehebelte – ontologische Argument steht für Kant fest: Bei dem, was die herkömmlichen Gottesbeweise mit Wissensanspruch deduktiv entfalten, handelt es sich um dialektischen Schein, d. h.: Die Vernunft denkt so, weil sie gar nicht anders kann, gerät dabei aber über den Bereich des ihr von ihrer Verfassung her Zugänglichen hinaus und verstrickt sich damit in spekulativen Konstruktionen, die in keiner Weise Anspruch auf Wissenscharakter haben können.

Darin gipfelt Kants Prüfung der Möglichkeit einer wissenschaftlich verstandenen Metaphysik, also das Gesamtprogramm der „Kritik der reinen Vernunft". Kant sagt: Zwar könne die Vernunft nicht aufhören, Metaphysik zu treiben und darum auch nicht, nach Gott, der Freiheit und der Unsterblichkeit zu fragen, die Kant als die „unvermeidlichen Aufgaben der reinen Vernunft selbst"[79] bezeichnet. Dem Gottesgedanken kommt dabei noch ein besonderer Rang zu, sofern er den Abschlussgedanken der Metaphysik insgesamt bildet.[80] Ob diese Aufgaben eingelöst werden können, hängt freilich am Vermögen und der Verfassung der Vernunft – und genau da bricht das Problem ja auf: Wirkliche Erkenntnis resultiert für Kant ausschließlich aus der Interaktion sinnlicher Eindrücke einerseits und unserem Erkenntnisinstrumentar andererseits: Erst unter der Prägekraft der reinen Formen der sinnlichen Anschauung – also von Raum und Zeit – und derjenigen der zwölf Kategorien gibt es für uns Erfahrung von etwas – wie umgekehrt ohne das sinnliche Datenmaterial der Erkenntnisapparat sozusagen leer liefe. Systematisch gewendet bedeutet das: Wirkliches Wissen gibt es für uns primär so weit, wie für uns Erfahrungen möglich sind; dieses Wissen ist vom Wesen her synthetisch a posteriori, also erkenntniserweiternd auf Erfahrungsbasis.

Soll es nun aber auch wirkliches metaphysisches Wissen geben, dann müsste dieses Wissen synthetisch a priori sein – also Wissen, das unabhängig von aller Erfahrung erkenntniserweiternd wäre, denn die Gegenstände der Metaphysik liegen außerhalb der Reichweite unseres Erfahrungsvermögens. Solches synthetisches Wissen a priori tritt in drei Varianten auf: in Gestalt mathematischer Urteile, in Gestalt rein synthetischer Urteile a priori (wie etwa, dass bei allen Veränderungen der materiellen Welt die Quantität unverändert bleibe) und in der Gestalt metaphysischer Urteile. Was die beiden ersten Varianten problemlos macht, ist, dass sie empirischer Bestätigung zumindest prinzipiell fähig sind – und genau das fehlt der letzten Variante, also auch den Aussagen über Gott.

Philosophische Theologie behauptet als transzendentale Theologie ein sicheres Wissen um das Dasein eines höchsten Wesens, und zwar wie gezeigt entweder als Kosmotheologie im Ausgang von Welterfahrungen oder als Ontotheologie durch Begriffsanalyse.[81] Oder aber, so Kant weiter, philosophische Gottrede hat gegenüber dieser transzendentalen Form die Gestalt natürlicher Theologie, und als solche sucht sie am Leitfaden empirisch verankerter Analogie etwas über die Wesenseigenschaften jenes höchsten Wesens auszumachen, und auch das geschieht in zwei Varianten, nämlich entweder im Ausgang aller natürlichen Teleologie in der Welt, dann handelt es sich um *Physikotheologie*, oder aber im Blick auf das Auftreten sittlicher Ordnung und Vollkommenheit, dann handelt es sich um *Moraltheologie*.[82]

Prüft man jedoch diese zweimal zwei Theologieformen auf ihre argumentative Binnenstruktur, so stellt sich, wie gezeigt, heraus, dass sie erkenntnismäßig auf ungesichertem Fundament stehen. Der Gottesgedanke als Abschluss allen metaphysischen Denkens kann allenfalls eine transzendentale Idee sein, ein „Ideal der reinen Vernunft"[83], d. h. die Vernunft muss in ihrem unvermeidlichen denkerischen Ausgreifen auf das Ganze der Wirklichkeit eine solche Letzt- und Höchstinstanz als Möglichkeitsbedingung für das Auftreten der Weltwirklichkeit als einer einheitlichen notwendig denken:

> „Das Ideal des höchsten Wesens ist nach diesen Betrachtungen nichts anders, als ein regulatives Prinzip der Vernunft, alle Verbindung in der Welt so anzusehen, als ob sie aus einer allgenugsamen notwendigen Ursache entspränge, um darauf die Regel einer systematischen und nach allgemeinen Gesetzen notwendigen Einheit in der Erklärung derselben zu gründen, und ist nicht eine Behauptung einer an sich notwendigen Existenz. Es ist aber zugleich unvermeidlich, sich, vermittelst einer transzendentalen Subreption, dieses formale Prinzip als konstitutiv vorzustellen, und sich diese Einheit hypostatisch zu denken."[84]

Diese forschungslogische Notwendigkeit, den Gottesgedanken zu fassen, besagt gar nichts darüber, dass ihm eine Wirklichkeit korrespondieren müsste und befreit die Aussagen der philosophischen Theologieformen nicht von der Hypothek des Verdachts, möglicherweise „bloße Erdichtung"[85] zu sein und aus einer erkenntnismäßigen Grenzüberschreitung zu resultieren: Was bloße, wenn auch notwendige, Vorstellung ist, werde unzulässigerweise zur Wirklichkeit erklärt, also objektiviert und dann auch noch personalisiert. Kants Fazit:

> „Ich behaupte nun, daß alle Versuche eines bloß spekulativen Gebrauchs der Vernunft in Ansehung der Theologie gänzlich fruchtlos und ihrer inneren Beschaffenheit nach null und nicht sind; daß aber die Prinzipien ihres Naturgebrauchs ganz und gar auf keine Theologie führen […]."[86]

Synthetische Erkenntnis a priori gibt es nur als Explikation formaler Bedingungen möglicher Erfahrung und ist darum nur immanent gültig, also ausschließlich auf Gegenstände der Empirie bezogen. Die transzendentale Analyse deckt damit die prinzipielle Unmöglichkeit der auf theoretische Erkenntnis ausgehenden Vernunft auf, über das Dasein eines höchsten Wesens und seine Eigenschaften etwas sagen zu können – wobei sich für Kant mit diesem negativen Resultat in zweifacher Hinsicht durchaus auch ein Zugewinn an Klärung in der Gottesfrage einstellt. Denn (a) gilt:

> „Das höchste Wesen bleibt also für den bloß spekulativen Gebrauch der Vernunft ein bloßes, aber doch fehlerfreies Ideal, ein Begriff, welcher die ganze menschliche Erkenntnis schließt und krönet, [und jetzt kommt die Pointe; K.M.] dessen objektive Realität auf diesem Wege zwar nicht bewiesen, aber auch nicht widerlegt werden kann […]."[87]

Wenn die theoretische Vernunft aus Gründen ihrer spezifischen Reichweite kein Wissen über die Existenz erlangen kann, dann eben aus demselben prinzipiellen Grund auch kein Wissen von seiner Nicht-Existenz. Hinzu kommt (b) eine gleichsam kathartische, also reinigende Funktion des negativen Befundes hinsichtlich des Projekts „Gottesbeweise": Wenn es überhaupt Wissen von Gott geben soll, dann ist ausgeschlossen, dass es in der Perspektive gewonnen werden kann, in der die Gottesbeweise formal angesiedelt sind. Das treibende Motiv, sich unbeschadet dieser unüberwindlichen Barrieren innerhalb der theoretischen Vernunft auf die Suche nach einer alternativen Quelle eines Wissens von Gott zu machen, liegt für Kant in der Überzeugung beschlossen, dass es sich bei einem Gedanken, der sich in der Vernunft so hartnäckig geltend mache wie die Gottesidee und zugleich der letzte Einheitspunkt allen Denkens sei, nicht seinerseits um eine Täuschungsquelle handeln könne.[88] Bündig gesagt:

> „Alles, was die Natur selbst anordnet, ist zu irgend einer Absicht gut."[89]

Fragt sich natürlich nur: Zu welcher Absicht? Zumindest ist unter dieser Voraussetzung durch die Unmöglichkeit einer theoretisch ansetzenden philosophischen Theologie *ex negativo* ein Wink gegeben, wo denn, wenn überhaupt, solches Wissen von Gott noch gesucht werden könne: in der Dimension der praktischen Vernunft, also der *Ethik*.

Die Perspektive der praktischen Vernunft

Das ist für Kant der einzige Weg, diesseits von Skeptizismus wie gleichermaßen jenseits dogmatischer, also behauptender Gottrede, Metaphysik zu treiben. Wenn es eine philosophische Theologie geben soll, so kann diese nur die Form von Moraltheologie haben. Diesen Überstieg in ein anderes Vernunft-Genus markiert Kant schon im Rahmen seiner Grenzbestimmungen des theoretischen Denkens, also in der „Kritik der reinen Vernunft" mehrfach, ohne dass das grundstürzend Neue dieser Umstellung dabei schon zur Geltung käme. Im Gegenteil wird dieses dadurch verdeckt, dass Kant der aus seiner Sicht einzig möglichen Form von Metaphysik einen Namen verleiht, den er gleichzeitig für eine der vier Varianten der in den Gottesbeweisen versuchten Wissensgewinnung gebraucht. Dort wird diejenige

Denkfigur mit diesem Namen bezeichnet, die von der sittlichen Ordnung auf das Dasein einer höchsten Intelligenz schließt. Und diese Namensgleichheit hat durchaus ihr sachliches Recht: Das eine wie das andere Mal geht es um

> „Moraltheologie [als; *K.M.*] eine Überzeugung vom Dasein eines höchsten Wesens […], welche *sich* auf sittliche Gesetze *gründet*."[90]

Die entscheidende Differenz: In der Dimension der theoretischen Vernunft erfolgt dieser Schluss sozusagen aus der Beobachterperspektive. In der Dimension der praktischen Vernunft dagegen stellt sich die Frage in der Erste-Person-Perspektive – und das ist für Kant ohne jeden Zweifel auch der genuine Ort des Sittengesetzes. Denn diesem begegnet unausweichlich, wer fragt: „Was soll ich tun?" – und darauf gibt es eine unbedingte Antwort, wie im Gewissenserleben offenkundig wird. Das Sittengesetz begegnet dabei nicht als etwas Fremdes und von außen Herangetragenes, sondern als etwas, das in der Vernunft selbst liegt. Damit findet Vernunft nicht irgendwo und nur mit Mühe zu erreichen, sondern unmittelbar und in ihr selbst etwas Unbedingtes, also genau das, worum es der Metaphysik zu tun ist. Um diese – nota bene: nicht sinnenvermittelte – Erfahrung zur Bestimmung zu bringen, greift Kant zu durchaus markanten Wendungen:

> „Man kann das Bewußtsein dieses Grundgesetzes ein Faktum der Vernunft nennen, weil man es nicht aus vorhergehenden Datis der Vernunft, z.B. dem Bewußtsein der Freiheit (denn dieses ist uns nicht vorher gegeben), herausvernünfteln kann, sondern weil es sich für sich selbst uns aufdringt als synthetischer Satz a priori, der auf keiner, weder reinen noch empirischen Anschauung gegründet ist, ob er gleich analytisch sein würde, wenn man die Freiheit des Willens voraussetzte, wozu aber, als positivem Begriffe, eine intellektuelle Anschauung erfordert werden würde, die man hier gar nicht annehmen darf. Doch muß man, um dieses Gesetz ohne Mißdeutung als gegeben anzusehen, wohl bemerken: daß es kein empirisches, sondern das einzige Faktum der reinen Vernunft sei, die sich dadurch als ursprünglich gesetzgebend (sic volo, sic iubeo) ankündigt."[91]

„Faktum der Vernunft" – das will sagen: Die Bindung allen Handelns als solches an eine unbedingte Norm ist der Vernunft selbst so direkt und konstitutiv eingeschrieben, dass es darüber keiner weiteren Verständigung mehr bedarf und auch keine mehr möglich ist. Handeln heißt ja, dass sich Vernunft in praktischer Hinsicht aktuiert. Wenn ich handle, tue ich dieses – und jenes nicht. Soll dieses Geschehen einen Bezug zu Welt und Wirklichkeit haben und also keine beliebige oder absurde Energieabfuhr der handelnden Instanz sein, geschieht das Agieren mit Vernunftanspruch. Ob dieser Anspruch erfüllt ist, hängt von der Korrespondenz des faktischen Handelns mit dem unbedingten Vernunftgesetz ab, das allem Handeln vom Begriff her eingeschrieben ist. Kant selbst hat dieses Grundgesetz in mehrfacher Variation auch ausdrücklich gemacht: Es ist der so genannte „Kategorische Imperativ", der in seiner wohl populärsten Formulierung so lautet:

> „[H]andle so, als ob die Maxime deiner Handlung durch deinen Willen zum allgemeinen Naturgesetze werden sollte."[92]

In aller Breite zum Austrag kommt die Thematik in Kants heimlichem Hauptwerk, der „Kritik der praktischen Vernunft". In dessen § 6[93] findet sich auch das frappierendste Beispiel Kants für den Kategorischen Imperativ als nicht mehr hintergehbares Faktum der Vernunft, das berühmte Galgen-Beispiel: dass ein Mensch, unter Androhung seiner Hinrichtung gezwungen, einen rechtschaffenen Anderen durch Verleumdung dem Henker auszuliefern, wie aus dem Nichts in sich eine Macht zu erfahren vermag, die sich stärker als der stärkste Naturtrieb, die Liebe zum Leben, erweist. Und das ist das unbedingte sittliche Sollen, das es ohne Unbedingtheit der Freiheit zum Guten nicht geben könnte. Von diesem Ansatzpunkt her wird nun in der „Kritik der praktischen Vernunft" zugleich auch positiv die Gotteslehre ausgearbeitet, die Kant nach der radikalen Einschränkung der theoretischen Vernunft für die philosophisch allein mögliche Theologie hält.

Dieses Ziel kann dabei nicht nur über den Begriff des Sittengesetzes angesteuert werden, sondern gleichermaßen über den Begriff der Freiheit. Diese ist nämlich so etwas wie die Kehrseite des Sittengesetzes. Dessen Verpflichtungskraft setzt als Bedingung ihres Auftretens die Freiheit des Handelnden voraus. Verpflichtet erfahre ich mich ja nur dann, wenn ich auch anders handeln könnte, als das Gesetz von mir verlangt; dann läge auch gar kein Gesetz vor, sondern eine Determination – modern gesprochen eine Programmierung –, der ich überhaupt nicht entgehen könnte und deren Einhaltung darum mit Sittlichkeit nicht das Geringste zu tun hätte. Die Wirklichkeit dieser Freiheit macht sich umgekehrt nirgends anders geltend als am Sittengesetz, d. h. die Freiheit ist genauso ein Faktum der Vernunft wie das Sittengesetz, wie sie umgekehrt ebenso wenig wie dieses mit einem empirisch fundierten Beweis (im Sinn der theoretischen Vernunft) zu tun hat.[94]

Mit der Aufdeckung dieses unbedingten Faktums der Vernunft in Gestalt des Sittengesetzes bzw. der Freiheit, ist nun zwar das Niveau der Metaphysik als solcher erreicht, noch nicht aber deren Vollendung in einem Gottesgedanken, der Anspruch auf Deckung durch eine Wirklichkeit erheben kann. Zu diesem – ausdrücklich in Blick genommen – Ziel kommt Kant nur durch einen vermittelnden Zwischenschritt. Das einschlägige Faktum der Vernunft – diskursiv fassbar als Kategorischer Imperativ – ist und bleibt Grundsatz einer autonomen Vernunft. Auf die Ebene der Theologie gelangt Kant von hier aus erst durch Vermittlung eines anthropologischen Grundsatzes: dass jedes vernünftige endliche Wesen danach strebe, glücklich zu sein.[95] Und zwischen beiden – der Sittlichkeit und der Glückseligkeit – bestehe, so Kant, eine natürliche Verbindung dergestalt, dass der, der sittlich handelt, im Maße seiner Sittlichkeit auf Glückseligkeit hoffen dürfe.[96] Nun lehrt aber die Erfahrung unübersehbar, dass die Befolgung des autonomen Gesetzes des Kategorischen Imperativs die Erfüllung des ebenso konstitutiv zum Menschen gehörenden Strebens nach Glückseligkeit nicht notwendig gewährleistet. Es gibt Menschen, die trotz ihres sittlichen Lebens unglücklich sind, und es gibt andere, die trotz ihres unsittlichen Lebens mit Glück überhäuft werden. Wenn Moralität vernünftig sein soll, muss es darum um ihretwillen eine Instanz geben, die schlussendlich die durch sittliches Leben erwiesene Glückswürdigkeit mit realer Glückseligkeit in Einklang bringt. Dazu bedarf es eines allwissenden, allgegenwärtigen, allmächtigen obersten Gesetzgebers mit Verstand und Wille, der zugleich der Urheber von allem ist:

> „Das moralische Gesetz [...] muß auch zur Möglichkeit des zweiten Elements des höchsten Guts, nämlich der einer Sittlichkeit angemessenen Glückseligkeit, eben so uneigennützig, wie vorher, aus bloßer unparteiischer Vernunft, nämlich auf die Voraussetzung des Daseins einer dieser Wirkung adäquaten Ursache führen, d. i. die Existenz Gottes, als zur Möglichkeit des höchsten Guts (welches Objekt unseres Willens mit der moralischen Gesetzgebung der reinen Vernunft notwendig verbunden ist) notwendig gehörig, postulieren."[97]

Moral ist autonom. Zur Bedingung ihrer Möglichkeit als vernünftige Moral (sonst wäre sie nicht autonom) erfordert sie eine Instanz der Versöhnung von Glücks*würdigkeit* und Glück*seligkeit*. Damit entwickelt Kant gegen den logischen Gott der Gottesbeweise einen Gottesgedanken aus dem existentiellen Zentrum des Subjekts. Dabei macht es ihm keine Schwierigkeiten, diesem Gott mehrheitlich die traditionellen Attribute von der Urheberschaft der Welt über Verstand, Willen und die Heiligkeit bis zur Allgegenwart zuzuschreiben. Gleichwohl fügt Kant ausdrücklich hinzu, dass zwischen dem, was diese Begriffe aufseiten des Menschen fassen, und dem, was sie mit Bezug auf Gott meinen, keine ontologische Analogie bestehe, sondern lediglich eine solche in praktischer Rücksicht – was immer das genauerhin zu heißen hat. Zu vermuten bleibt, Kant gestehe solcher

Gottrede insofern Realitätsgehalt zu, als sie unmittelbar mit menschlicher Lebensführung in Beziehung steht, d. h. als Reflex des Ernstes verstanden wird, in dem sich das Subjekt durch das Sittengesetz verpflichtet weiß.[98]

Wenn sittliches Handeln vernünftig, also nicht absurd, sein soll, muss es einen Gott geben, der entgegen dem von der durchschnittlichen Erfahrung nahegelegten Illusionscharakter dieses Gedankens diese Vernünftigkeit garantiert:

> „[E]s ist moralisch notwendig, das Dasein Gottes anzunehmen."[99]

Der postulatorische Charakter dieser Art des Gottesgedankens tut dessen Wirklichkeitsgehalt keinerlei Eintrag. Die Unmittelbarkeit der Erfahrung der vom Sittengesetz ausgehenden Verpflichtung verleiht dieser *„Ethikotheologie"*[100] für Kant eine philosophische Überzeugungskraft, die von der der klassischen Gottesbeweise buchstäblich dimensional verschieden ist, ohne ihr erkenntnistheoretisch nachzustehen. Moses Mendelssohns zu stehender Rede gewordenes Diktum vom „alles zermalmenden Kant"[101] entsprang der Unfähigkeit seines Urhebers, diese Dimensionendifferenz zu erfassen. Der für Kant einzig mögliche und gültige Gottesbeweis ist – anachronistisch gesprochen – ein existentieller. Ist er philosophisch in der Tat so gültig, wie er zu sein beansprucht?

Ein erster Einwand könnte lauten: Selbst wenn wir den Gang der Argumentation anerkennen, führt er doch bloß zu einem *Postulat* Gottes. Jedoch würde die Wendung „bloß ein Postulat" Indiz dafür sein, dass die Kritik aus einem Rückfall in die Beobachterperspektive der theoretischen Vernunft hervorgeht. Wenn es den durch den moralischen Gottesbeweis postulierten Gott nicht gibt, ist alle Erfahrung sittlichen Sollens und damit aller Freiheit durch und durch absurd. D. h. die menschliche Vernunft darf sich gerade dort nicht über den Weg trauen, wo sie sich selbst am unmittelbarsten gewahrt. Ohne Wirklichkeit dessen, was im Gottespostulat begrifflich gefasst wird, ist auch das nicht Wirklichkeit, was Vernunft auf elementarste Weise als wirklich erfährt: sich selbst.

Auf einem ganz anderen Blatt steht, dass Kant de facto seine philosophische Theologie nicht zu Ende gedacht hat: Als das eigentlich Unbedingte gilt ihm ja das Sittengesetz als ureigener Selbstvollzug der Vernunft – und Gott als dessen Möglichkeitsbedingung. Zahlreiche Wendungen in Kants Werk belegen, dass ihm nichts ferner lag, als auf diese Weise Gott gewissermaßen als Notnagel oder Lückenbüßer noch ins System einzubauen. Sonst könnte er etwa in seiner Schrift *„Die Religion innerhalb der Grenzen der bloßen Vernunft"* von 1793 nicht davon sprechen, dass es sich bei der Erfahrung des unbedingten Sollens um „eine göttliche Abkunft verkündigende Anlage"[102] handle. Was das Postulat begrifflich markiert, ist in eben dem Maß wirklich, in dem das Sollen spontan als Wirklichkeit „sich aufdrängt", um nochmals eine Wendung Kants aufzugreifen. Dass Kant selbst das Verhältnis zwischen beiden Wirklichkeiten, die untrennbar zusammengehören, nicht weiter ausgearbeitet hat, dürfte mit den Rahmenbedingungen seines Neuansatzes zu tun haben: Zum einen liegt ihm alles daran, das sittliche Sollen auch nur vom Anschein eines von außen ergehenden Auferlegtseins freizuhalten, also von der Form des Gedankens eines durch einen Gott erlassenen Gebotes. Denn dies wäre nichts anderes als ein Rückfall in die Muster der überkommenen Theologie und bedeutete den Verlust der eben erst denkerisch gewonnenen Perspektive einer Autonomie der Vernunft. Auf der anderen Seite musste Kant irgendwie eine Differenz zwischen Sittengesetz und Gott offen halten, weil sonst nicht mehr einsichtig zu machen gewesen wäre, worin sich im Fall einer weitgehenden Einheit beider Momente seine Position von derjenigen Baruch de Spinozas (1632–1677) unterscheidet. Das aber hätte gleichzeitig auch bedeutet, den Gedanken wirklicher Freiheit preiszugeben. Erst Fichte ist in diesem Punkt über Kant hinausgekommen, aber auch dies in Formen, die – um es vorsichtig auszudrücken – theologisch alles andere als leicht zu rezipieren sind.[103]

Das Theodizee-Problem

Unbeschadet dieser Unabgeschlossenheit von Kants orginärer Neubegründung der philosophischen Theologie bleibt aber auch anzumerken, dass im Horizont des kantischen Gottespostulats die wohl einzige einigermaßen akzeptable philosophische Antwort auf das Theodizee-Problem formuliert werden kann.[104] Die Sache selbst treibt Philosophie und Theologie seit biblischen Zeiten um, am ausdrücklichsten im alttestamentlichen Buch Ijob, später dann in der Gnosis und bei Augustinus, noch später mühen sich Moses ben Maimon, Thomas von Aquin, Nikolaus von Kues damit ab. Heute gehört das Thema zu den viel behandelten der systematischen Theologie.[105] Der Name – abgeleitet vom griechischen „*Theos*" (Gott) und „*Dike*" (Recht oder Rechtsverfahren) – stammt von Leibniz. Die Sache, um die es geht: Wie lässt sich das Faktum des Bösen und des Leids in einer Welt rechtfertigen, die ein allmächtiger, gütiger und vollkommener Gott geschaffen hat und die doch darum auch selbst an dieser Vollkommenheit teil hat. Systematisch gesehen stellt die Frage eine brisante skeptische Herausforderung dar: Entweder *will* Gott eine vollkommene Welt – und kann es nicht. Oder er *kann* es – und will es nicht. Oder er *will es nicht und kann es nicht*. Oder er *will und kann es* – und trotzdem kommt ein solches Jammertal mit Erdbeben, Flutwellen, Krebs und Neugeborenen ohne Gehirn und offenem Rückgrat heraus. Unter diesen Voraussetzungen kann der Gott, dem sich diese Welt verdankt, nur ein Pfuscher oder ein Teufel sein. Insofern ist Theodizee – wörtlich übersetzt: Rechtfertigung Gottes – alles andere als die Erfindung hoffärtiger Anmaßung, sondern Ausdruck größter

Not gerade dessen, der an einen Gott glaubt. Und dass diejenigen, die das nicht tun, dem Glaubenden jenen makabren Weltbefund unter die Nase reiben, versteht sich von selbst. Bis heute ist zumal das Leid der Unschuldigen der *Fels des Atheismus* geblieben.[106]

Die herkömmlichen Lösungsangebote überzeugen nicht nur nicht, sie stehen nicht selten an der Grenze zur taktischen Verharmlosung, wenn nicht zum Zynismus – so wenn der Auftritt allen Übels in der Welt den Verfehlungen menschlicher Freiheit zugeschrieben oder die Zulassung des Bösen durch Gott dadurch erklärt wird, dass dies um eines daraus zu gewinnenden größeren Guten geschehe.[107] Die umfassendste philosophische Durcharbeitung des Problems hat Leibniz unternommen. Er unterscheidet das physische, das moralische und das metaphysische Übel. Die beiden Ersteren werden von Letzterem her erklärt. Das „*malum metaphysicum*" seinerseits ist eine notwendige Eigenschaft der Welt, sofern diese endlich ist, obwohl es sich bei ihr nach Leibniz um die beste aller möglichen Welten handelt, weil auch die Endlichkeit ihren Vollkommenheiten zuzurechnen sei. Das wiederum rühre daher, dass Gott der erste zureichende Grund der Welt sei und stets auf bestmögliche Weise handle, sofern auch sein Handeln einen zureichenden Grund habe, sodass es sich bei der von allen möglichen Welten realisierten um die bestmögliche handeln müsse.[108]

Einer solchen Sicht der Dinge steht Kant mit größtem Vorbehalt gegenüber, betrachtet sie als typisches Indiz einer ihre Schranken verkennenden Vernunft.[109] Sein letztes Wort bleibt, dass es – für unser theoretisches Wissen unzugänglich – eine Wirklichkeit geben muss, in der selbst noch unschuldiges Leiden nicht sinnlos sein wird, wenn die Selbsterfahrung der Vernunft im Sollen nicht mit einer Unmöglichkeit und damit einer letzten Absurdität konfrontiert sein soll. Das lässt sich noch um die Bemerkung ergänzen, dass damit natürlich die Wirklichkeit als ganze diesem Verdikt verfiele, absurd zu sein – aber was dann tun mit den genauso wie das

Übel unübersehbaren Indizien des Sinnhaften? Beides wäre – um nochmals Wittgenstein zu bemühen – zu enorm, um einfach als Fehler der Auffassung deklariert werden zu können.[110]

Hochinteressant ist, dass Kant selbst gegenüber dem leibnizschen Projekt und ähnlichen anderen dem biblischen Ijob-Buch regelrecht den Rang einer Gegeninstanz zuschreibt. In Spannung zu dem, was er in anderen Werken über das Problem des Bösen ausführt, repräsentiert ihm das Ijob-Buch eine „authentische Theodizee" gegenüber den „doktrinal(en)"[111] wie etwa derjenigen Leibniz' – authentisch deswegen, weil darin die, modern gesprochen, anthropozentrische Perspektive aufgesprengt werde, indem die Schöpfung mit ihren Rätseln nicht mehr seitens menschlicher Vernunft, sondern durch ihren Urheber selbst eine Auslegung erfahre. Solche Theodizee in Gestalt „negative(r) Weisheit hinsichtlich des Wissens von Gott"[112] (durchgeführt vor allem in Ijob 38–41) korrespondiert dem kantischen Vernunftbegriff, demgemäß das Verhältnis der in Erfahrung begegnenden Welt zu Gott als der höchsten Weisheit menschlicher Einsicht notwendig verschlossen ist.

Kants Qualifikation des Ijob-Buches als „authentische Theodizee" und ihre Begründung scheint mir nun auf dem Hintergrund der philosophischen Unmöglichkeit von Theodizeen im Sinne Leibniz'[113] nicht nur gegen den Gebrauch von „Theodizee" in Bezug auf Ijob ein gutes Recht zu geben, obwohl es in diesem biblischen Buch noch in keiner Weise um eine Rechtfertigung Gottes vor der Instanz der Vernunft geht. Weit mehr noch lässt sich das „authentisch" in einem Sinn explizieren, der dadurch über Kant hinausreicht, dass er aus einer Auseinandersetzung mit den wohl wichtigsten zeitgenössischen theologischen Einlassungen zur Theodizeeproblematik hervorgeht. Mit gutem Grund hat Johann B. Metz (*1928) mehrmals erhöhte „Theodizee-Empfindlichkeit"[114] von der Theologie gefordert. Nur so werde sie das Unverrechenbare, Widerständige am Gott der

Bibel unverraten bewahren. Das vermöge sie bloß dadurch, dass sie den „Hauch von Unversöhntheit"[115], der über dem Christentum liege, durch Partizipation an Israels „Mystik des Leidens an Gott"[116], wie sie vor allem für die alttestamentliche Gebetssprache charakteristisch sei, aber auch Jesu Gottesverhältnis kennzeichne, zur Geltung bringe.

Dem ist völlig zuzustimmen: Anders ließe sich der moralistischen Sackgasse nicht entkommen, die vor allem Augustinus dadurch aufgetan hat, dass er in der Frage des Verhältnisses von Gott und Leid Letzteres einzig auf die sich schuldig machende Freiheit des Menschen zurückführte.[117] Und anders ist auch nicht der gefährlichen Inflation trinitätstheologischer Konzepte in jüngerer Zeit zu widerstehen, denen in einer – wie auch immer erschlossenen – trinitarischen Innenperspektive alles Leid der Welt zum Reflex eines ungleich tiefer reichenden Leidens in Gott gerät und damit in eine höchst ambivalente Aufhebung entgleitet.[118]

Trotzdem kann ich Metz' Votum für eine als Theodizee begriffene, wesentlich vom Leiden an Gott bewegte Theologie so nicht zustimmen. Der Einspruch ist dreifach:

(a) Seinen suggestiven Fragen „War Israel etwa glücklich mit seinem Gott? War Jesus glücklich mit seinem Vater?"[119] muss allein schon aus exegetischen Gründen ein klares „Ja, dies auch!" entgegengehalten werden. Hätte Israel unbeschadet der vielen Klagen in seinen Gebeten sonst auch jubeln können (vgl. etwa Pss 16; 23; 34; 148 und 150), hätte Jesus andernfalls so gelebt und gesprochen, wie er es tat, z. B. im Gleichnis vom verborgenen Schatz im Acker? Jedenfalls lässt sich nur schwer vorstellen, so etwas sei ohne jede Erfahrung erzählt.[120]

(b) Wird real-präsentes Versöhntsein menschlicher Existenz so weitgehend zurückgedrängt wie bei Metz, lässt sich denen kaum mehr widersprechen, die biblischem Glauben nachsagen, konstitutiv ein Stück Masochismus zu implizieren, so Rudolf Augstein, der 1974 und dann erneut 1999 in seinem Jesus-Buch schrieb:

„Israel hing seinem Gott desto unterwürfiger an, je schlechter es von ihm behandelt wurde."[121]

(c) Wenn Metz das leidensimmune Identitäts- und Versöhnungsdenken durchschnittlicher Theologie sehr undifferenziert als „idealistisch" apostrophiert[122] und damit einen Wink bezüglich seiner Herkunft geben möchte, tut er gerade den besten der mit diesem Prädikat zu verbindenden philosophischen Bemühungen Unrecht. Oder mit einer treffenden Formel von Dieter Henrich (*1927) gesagt: „Spricht spekulatives Denken von Versöhnung, so immer nur von einer solchen, die möglich ist ‚mitten im Streit'."[123]

Genau diesem prekären Verhältnis entspricht das Buch Ijob: Es verharmlost, entspannt, beschönigt nichts. Leid, Not, Revolte bleiben, was sie sind. Doch von ihnen wird poetisch gesprochen. Dem Ijob-Buch eignet literarisch gesehen Weltrang. Dass das möglich ist, vermittelt den Widerschein einer Versöhnung, die sich jenseits von Sätzen der theoretischen Vernunft hält. Auch nur in ihrem Horizont, scheint mir, gewinnt der Schluss des Ijob-Buches – dass Ijob mehr als das Verlorene wiedererhält und lebenssatt stirbt – Überzeugungskraft.[124] Aus dem Ineinander der Prosa des Inhalts und der Poesie der Form resultiert – sozusagen performativ – jene authentische Theodizee, als die Kant das Ijob-Buch nicht bezeichnet hätte, wenn sich dessen Gehalt begrifflich gesehen für ihn nicht im Horizont seines Neuansatzes einer philosophischen Theologie bewegt hätte. Und von daher wächst dem Gedanken des Gottespostulats – trotz der genannten Grenzen – ein ganz anderes Gewicht zu als diesem Etikett durchschnittlich eignet. Unbeschadet dieser Stärke bleibt freilich noch ein zweiter, wenn auch kurzer, so doch gewichtiger Einwand geltend zu machen:

Der hermeneutische Zirkel in Kants Gottesgedanke

Der Logik des moralischen Gottesbeweises kann nur zustimmen, wer sich vorweg bereits entschlossen hat, moralisch zu denken respektive zu handeln. Kant selbst weist darauf hin, wenn er bereits auf einer der letzten Seiten der „Kritik der reinen Vernunft" schreibt:

> „Auf solche Weise bleibt uns, nach Vereitelung aller ehrsüchtigen Absichten einer über die Grenzen aller Erfahrung hinaus herumschweifenden Vernunft, noch genug übrig, daß wir damit in praktischer Absicht zufrieden zu sein Ursache haben. Zwar wird freilich sich niemand rühmen können: er wisse, daß ein Gott und daß ein künftig Leben sei; denn, wenn er das weiß, so ist er gerade der Mann, den ich längst gesucht habe. Alles Wissen (wenn es einen Gegenstand der bloßen Vernunft betrifft) kann man mitteilen, und ich würde also auch hoffen können, durch seine Belehrung mein Wissen in so bewundrungswürdigem Maße ausgedehnt zu sehen. Nein, die Überzeugung ist nicht logische, sondern moralische Gewißheit, und, da sie auf subjektiven Gründen (der moralischen Gesinnung) beruht, so muß ich nicht einmal sagen: es ist moralisch gewiß, daß ein Gott sei etc., sondern ich bin moralisch gewiß etc. Das heißt: der Glaube an einen Gott und eine andere Welt ist mit meiner moralischen Gesinnung so verwebt, daß, so wenig ich Gefahr laufe, die erstere [AA: letztere] einzubüßen, eben so wenig besorge ich, daß mir der zweite [AA: erste] jemals entrissen werden könne."[125]

Wilhelm Weischedel (1905–1975), der prominente Kant-Herausgeber und Autor des bis heute einflussreichen Werkes „Der Gott der Philosophen"[126] (1971/72), beschließt darum seine Analysen zu Kants philosophischer Theologie mit dem Vorwurf, diese unterliege einem Zirkel, sofern für die Entdeckung des Sittengesetzes und der mit ihr verbundenen Freiheit zumindest die Frage nach moralischem Handeln vorausgesetzt werde. Das trifft zu. Aber es handelt sich um keinen *circulus vitiosus* (Teufelskreis), weil Kant nicht moralisches Fragen oder Denken voraussetzt, um die Existenz von Moral zu beweisen. Sondern er geht vom moralischen Fragen oder Denken aus, um über dessen notwendige Verknüpfung mit dem Gottesgedanken die mit dem Sittengesetz einhergehende unbedingte Sollensevidenz aufzuklären und im Gegenzug dem Gottesgedanken einen konsistenten philosophischen Ort anzuweisen. D. h. es handelt sich um einen *hermeneutischen Zirkel*, also darum, dass ich von etwas, das ich zu verstehen suche, schon ein Vorwissen mitbringen muss, um überhaupt in den Verstehensprozess hinein zu gelangen. Damit behalten Kants Überlegungen die Funktion philosophischer Vergewisserung über die Vernunftgemäßheit des Gottesglaubens, und mehr wollen Gottesbeweise auch nicht, wie wir bereits zu erwägen hatten.

Trotzdem steckt hinter Weischedels Kritik ein wahres Moment, auch wenn es mit dem Zirkelvorwurf unangemessen zur Geltung gebracht wird. Im Zentrum von Kants Neubegründung der philosophischen Gotteslehre in Gestalt einer Moraltheologie steht ja eine brisante Verknüpfung: Das Dasein Gottes wird notwendige Annahme aufgrund dessen, dass der Mensch moralisches Subjekt ist. Diese Verfugung von Notwendigkeit und Subjektivität kommt prägnant in der zuletzt zitierten Passage zur Geltung, wenn Kant schreibt: Genaugenommen dürfe nicht gesagt werden, „*Es ist* moralisch gewiss, dass Gott existiert", sondern „*Ich bin* moralisch gewiss, dass Gott existiert". Damit ist ersichtlich die Gottesfrage in die Erste-Person-Perspektive gestellt. Nur begegnet an dieser Stelle genau wieder jene Lücke, die uns im Vorausgehenden im Verhältnis von Sittengesetz und Gottesgedanke aufgefallen war. Beides wird in Beziehung zueinander gebracht, ohne diese Beziehung weiter aufzuklären. Zu einem wirklichen Abschlussgedanken wäre Kants Neubegründung einer Metaphysik gebracht, wenn er die Notwendigkeit des Gottesgedankens aus der Struktur der Subjektivität, die Verfassung des Subjekts gleichzeitig aus den Ressourcen eines philosophischen Gottesgedankens einsichtig machte – was methodisch gesehen dergestalt geschehen müsste, dass beide sozusagen ineinander gleiten.

5. Gottesbeweise nach Kant

Die Gottesbeweis-Thematik ist nach Kants fundamentalem Einspruch keineswegs von der Tagesordnung verschwunden. Dafür hat zum einen Hegel mit einer eigenen Neuformulierung des ontologischen Arguments gesorgt, zum anderen die Tatsache, dass das katholische Lehramt dem schon vor dem Tode Hegels (1831) einsetzenden philosophischen Generalverdacht gegen die Vernunft je länger, desto intensiver die Stirn bot. Unter Verzicht auf viele diesbezüglich spannende Einzelheiten[127] lässt sich dieser Prozess an zwei Schlaglichtern verdeutlichen: 1879 erschien Friedrich Nietzsches (1844–1900) umfangreichstes Werk „Menschliches, Allzumenschliches", bestehend aus einer Kette von Kurzabhandlungen und Aphorismen, deren Bezeichnung als „Schule des Verdachts"[128] durch andere des Autors Zustimmung fand. Im gleichen Jahr erschien *„Aeterni Patris"*, die erste Enzyklika in der Kirchengeschichte, die ausschließlich der Philosophie gewidmet war und die Leistungsfähigkeit der menschlichen Vernunft ausgesprochen stark einschätzte. Das zweite Schlaglicht müsste man einen Treppenwitz der Geschichte nennen, wenn nicht menschlich und theologisch eine Tragödie damit verbunden wäre[129]: Ausgerechnet im „Antimodernisteneid" von 1910, der endgültigen intellektuellen Bankrotterklärung der katholischen Kirche vor den Herausforderungen der Moderne, gipfelt das katholische Votum für die Vernunft, wenn im ersten Lehrkapitel der Eidesformel amtlich festgeschrieben wird,

> „daß Gott, der Ursprung und das Ziel aller Dinge, mit dem natürlichen Licht der Vernunft […] als Ursache vermittels der Wirkungen sicher erkannt und sogar auch bewiesen werden kann."[130]

Natürlich hat sich die philosophische Szene damals um diese lehramtlich-theologische Festschreibung der Möglichkeit von Gottesbeweisen nicht das Geringste gekümmert. Gleichwohl setzt in etwa zeitgleich eine bis heute anhaltende Reihe von Versuchen ein, mit dem Instrumentar der zeitgenössischen Logik und im Rahmen der modernen Wissenschaftstheorie die klassischen Gottesbeweise neu zu analysieren. Erst in diesem Theorierahmen kommt das argumentative Niveau dieser Denkfiguren wirklich zur Geltung – ohne dass damit schon über ihre Gültigkeit entschieden wäre und ohne dass sich solche Analysen als Schützenhilfe für die Theologie verstünden. Aber für heutige Logiker repräsentiert allein schon die exakte Erfassung der klassischen Argumentationsstrategien einen Zugewinn ihrer theoretischen Ambitionen. Am meisten trägt dazu natürlich das ontologische Argument bei, weil es um den Existenzbegriff zentriert ist und dieser zu den Spitzenthemen der zeitgenössischen Logik gehört.[131]

Neuauflagen des kosmologischen Arguments

Diesen subtilen Analysen vor allem im Bezug auf das ontologische Argument gegenüber erleben kosmologisch ansetzende Gottesgedanken derzeit eine Renaissance, die zum Teil nachhaltig irritieren muss – Letzteres deswegen, weil in diesem Zusammenhang Stellungnahmen auftauchen, die im Ausgang von naturwissenschaftlichen oder angeblich naturwissenschaftlichen Daten zu einer mehr oder weniger ungebremsten theologischen Hypothesenbildung übergehen oder – vorsichtig gesagt – hinsichtlich ihrer logischen Konsistenz Wünsche offen lassen. Ohne jeden Anspruch auf Vollständigkeit nenne ich wenige Beispiele:

Der Heidegger-Schüler Hans Jonas (1903–1993) hat in seinem Spätwerk diesen Weg eingeschlagen. Bei seinen Überlegungen handelt es sich um das mit Abstand Seriöseste, was sich unter den gegebenen Bedingungen ernsthaft vertreten lässt. Er bezeichnet seine Erwägungen zum Gottesbegriff ausdrücklich als Hypothesen oder persönliche Überzeugungen. Es sind im Kern Gedanken, die darum kreisen, wie denn nach dem radikalen Geschichtseinschnitt namens Auschwitz Gott überhaupt noch gedacht werden könne. Mit den herkömmlichen Mitteln jedenfalls und etwa an den Begriff der Allmacht gekoppelt hält Jonas das für ausgeschlossen. Darum schlägt er Wege ein, die ihm die jüdische Mystik, die Kabbala, vorzeichnet, tastende Versuche, die auf einen Gott hin denken, der nach der Schöpfung zugunsten seiner Geschöpfe auf seine Macht verzichtet, weil nur so Raum werde für deren Freiheit und Verantwortung. So resultieren aus naturphilosophischen Intuitionen und aus ihnen gezogenen ethischen Konsequenzen Züge einer philosophischen Theologie.[132]

In damit nicht zu vergleichendem Horizont bewegen sich Versuche einer Art Rekonstruktion und damit auch Reduktion des Gottesgedankens mit dem Instrumentar biologischer Theoriebildung. Allerdings darf die Akzeptanz solcher Strategien im öffentlichen Diskurs in keiner Weise unterschätzt werden. Nachgerade populär geworden ist dieser Ansatz im deutschsprachigen Raum durch Hoimar von Ditfurth (1921–1989). Nach allgemein verständlichen Bestsellern zu naturwissenschaftlichen Themen publizierte er 1981 ein Buch mit dem Titel *„Wir sind nicht von dieser Welt. Naturwissenschaften, Religion und Zukunft des Menschen"*[133]. Die Pointe – und ich zeichne kein Zerrbild: Was sich aus innerweltlicher Perspektive als Evolution darstellt und keinerlei wissenschaftlichen Zweifel mehr erlaubt, ist von einem Standpunkt außerhalb der Zeit betrachtet ein Augenblick, der „Schöpfung" heißt.[134] Was Religion und Theologie inhaltlich behaupten, hat sein gutes Recht, solange wir nicht in der Lage sind, naturwissenschaftlich zu reformulieren, was sie mit ihren Symbolen und Dogmen meinen – was sich freilich nur als eine Frage der Zeit ausnimmt, als eine sachhaltige überdies: Denn es gehört zur Evolution selbst, für jenseitig Gehaltenes in Diesseitiges aufzuheben, und beider Koinzidenz macht die Vollendung der Schöpfung aus.

Konsequent fortgeschrieben wird diese Art von Naturalisierung durch die Soziobiologie, wie sie prominent Richard Dawkins (*1941) repräsentiert: „Gott" – natürlich steht Gott in Anführungszeichen – ist nichts anderes als ein selektiver Überlebensvorteil. Wer sich an die Gehalte bindet, die mit dieser Chiffre verbunden sind, erhöht die Durchkommensrate seiner Sache und damit diejenige seines Stammes. In diesem Zusammenhang entwickelt Dawkins in Analogie zu den Genen die Idee der so genannten „Meme". Meme sind Informationseinheiten und als solche durch Imitation viel fortpflanzungsfähiger als Gene: Sie springen durch Wort, Melodie oder Kunst von Gehirn zu Gehirn über. Und wozu braucht es etwa das „Gott-Mem"? Dawkins' Antwort:

> „Der Überlebenswert des Gott-Mems im Mempool ergibt sich aus seiner großen psychologischen Anziehungskraft. Es liefert eine auf den ersten Blick einleuchtende Antwort auf unergründliche und beunruhigende Fragen über das Dasein. [...] Die Arme des ewigen Gottes geben uns in unserer Unzulänglichkeit Halt, und wie die Placebo-Pille des Arztes sind sie deswegen nicht weniger wirksam, daß sie nur in der Vorstellung bestehen. [...] Gott existiert, und sei es auch in der Gestalt eines Mems, das in der von der menschlichen Kultur geschaffenen Umwelt [...] eine hohe Ansteckungsfähigkeit besitzt."[135]

Gehört zu einem Gott-Mem die Verheißung paradiesischen Lohnes für den tapferen Krieger, so wird der Betreffende seine Sippe mutiger verteidigen und also ihr Überleben (und damit das seiner Nachkommen) besser sichern als einer, dem keine solchen Verheißungen winken. Besondere evolutionäre Raffinesse – so Dawkins – ist dem Moment „Glauben" im religiösen Mem-Komplex zuzuschreiben: Nicht nur, dass es als Aufforderung zu blindem Vertrauen schlechthin jedwede Handlung – auch grausame Aggression gegen Andersglaubende – rechtfertige; zugleich erwirke es seinen eigenen

Fortbestand, sofern es inhaltlich gesehen rationales Nachfragen abweist und damit sich selbst Platz schafft.[136] Radikalisiert hat diese Denkform 1995 Daniel C. Dennett (*1942) mit seinem Werk „*Darwins gefährliches Erbe*"[137] – dies übrigens in Verbindung mit einem antitheologischen Gestus, dessen Form nur noch bedingt erkennen lässt, ob es sich um Argumente oder um Satire handelt.[138]

Gegenüber diesen radikalen naturwissenschaftlich gestützten Reduktionsprogrammen gibt es auch exakt gegenläufige Unternehmen, die von naturwissenschaftlichen, speziell physikalischen Befunden und Interpretationen auf direktem Weg zur Annahme der Existenz eines Schöpfers kommen. Als exemplarisch können die erstmals 1991 in Buchform erschienenen Gespräche zwischen dem französischen Philosophen Jean Guitton (1901–1999) und den als Physikern tätigen Zwillingsbrüdern Grichka und Igor Bogdanov (*1951) gelten. „*Gott und die Wissenschaft*"[139] heißt der Band. Für Guitton steht außer Frage, dass die kosmischen Zahlenverhältnisse den Gedanken an ein zufälliges Zustandekommen des Kosmos ausschließen. Igor Bogdanovs Antwort:

> „Zwar haben uns die Mathematiker noch nicht die ganze Geschichte des Zufalls erzählt: Sie wissen nicht einmal, was das ist. Aber sie haben mit Hilfe von Rechnern, die Zufallszahlen erzeugen, bestimmte Experimente durchführen können. Anhand einer von den numerischen Lösungen algebraischer Gleichungen abgeleiteten Regel hat man *Zufall produzierende Maschinen* programmiert. Hier weisen die Wahrscheinlichkeitsgesetze darauf hin, daß diese Rechner Milliarden mal Milliarden mal Milliarden Jahre, das heißt eine nahezu unendlich lange Zeit rechnen müßten, bevor eine Kombination von Zahlen vergleichbar denen auftauchen kann, die die Entstehung des Universums und des Lebens ermöglicht haben. Anders gesagt, die mathematische Wahrscheinlichkeit, daß das Universum durch Zufall hervorgebracht wurde, ist praktisch gleich Null."[140]

Ähnlich argumentiert auch der Physiker und Theologe John Polkinghorne (*1930). Zwei Dinge verweisen nach seiner

Überzeugung gerade den Naturwissenschaftler auf den Gottesgedanken: der Kosmos in seinen unermesslichen Dimensionen und seiner ca. 15 Milliarden Jahre dauernden Geschichte und das menschliche Gehirn, kraft dessen sich das Universum seiner selbst bewusst geworden ist.[141] Das Faszinierendste für Polkinghorne ist, dass alles – das Größte *(das Universum)* wie das Kleinste *(der von der Quantentheorie beschriebene Mikrobereich)* – von einer Ordnung durchwaltet ist, die mathematisch gesehen als *schön* zu bezeichnen ist, wobei dieser ästhetische Eindruck daher rührt, dass die Wirklichkeit offenkundig den Gesetzen der Mathematik entspricht, die der menschliche Geist zu fassen vermag. Für Polkinghorne kann diese Korrespondenz kein Zufall sein, weil sich die Wahrnehmung physikalischer Prozesse nicht so manipulieren lasse, dass sie sich den „schönen" mathematischen Gleichungen einfüge. Polkinghornes Fazit:

> „Es gibt keinen Grund a priori, warum schöne Gleichungen sich als der Schlüssel zum Verständnis der Natur erweisen, warum fundamentale Physik möglich ist und warum unsere Gedanken einen solch angemessenen Zugang zu den tiefen Strukturen unseres Universums finden. Es handelt sich dabei um kontingente Fakten, aber es scheint nicht angemessen, all dies einfach als glücklichen Zufall zu verstehen. […] Denn ich glaube, daß die rationale Schönheit des Kosmos tatsächlich den Plan dessen spiegelt, der die Welt am Leben erhält."[142]

Bis zu diesem Punkt scheint es sich bei Polkinghornes Argumentation nur um eine Neuauflage des teleologischen Arguments zu handeln, dem generell eine intuitive Überzeugungskraft zu eignen scheint, der sich auch Kant nach eigenem Eingeständnis[143] kaum zu entziehen vermochte. Polkinghorne geht aber noch zwei Schritte weiter: Er anerkennt zum einen Darwins Evolutionstheorie als alternative Erklärung der wunderbaren Anpassung allen Lebens an seine Umwelt, die zuvor als Indiz einer absichtsvollen Planung interpretiert worden war. Und er nimmt in seine Reflexionen die Einsicht auf, dass nicht nur die Lebensformen auf der Erde, sondern das Universum als solches eine Geschichte haben, woraus natürlich folgt, dass die Evolutionstheorie für sich genommen keine hinreichende Erklärung für das Aufkommen von Leben – namentlich selbstbewusstem Leben – zu bieten vermag. Nur ein ganz bestimmtes Universum, dessen Realisierung als ausgesprochen unwahrscheinlich einzuschätzen ist, eignet sich für das Aufkommen selbstbewussten Lebens. Polkinghornes Überlegungen orientieren sich also am *„anthropischen Prinzip"*: Von der Tatsache, dass es uns Menschen gibt, wird zurückgefragt nach den Bedingungen, die für unser Auftreten gegeben sein müssen. Nach allem, was man bislang weiß und auf dieser Basis an Hypothesen entwickeln kann, legt sich für das Entstehen des Universums einschließlich seiner Beobachter die Annahme einer göttlichen Absicht näher als die des zufälligen Aufkommens einer Welt, die zufällig für unsere Entstehung geeignet ist. Eine das anthropische Prinzip exemplifizierende Metapher besagt: Dass (selbstbewusstes) Leben aufkommt, sei so wahrscheinlich, wie eine Stecknadel, die senkrecht auf einen Spiegel gestellt würde, ca. 6000 Jahre stehen bliebe.[144] Polkinghorne ist klar, dass es sich bei seinen Erwägungen nicht um logisch zwingende Schlussfolgerungen handelt, sondern um den Versuch, „den theistischen Glauben als eine einsichtsvolle Deutung dessen anzubieten, was in dieser Welt geschieht".[145] So entsteht – wie Polkinghorne eigens betont – eine neue natürliche Theologie jenseits der Gottesbeweisthematik, die zum einen die wunderbaren Strukturen der Welt in den rationalen Möglichkeiten des Universums verankert sieht, darum für das Auftreten dieser Strukturen nicht mehr auf eine göttliche Initiative rekurrieren muss und so dem Vorwurf des Anthropomorphismus entgeht. Zum anderen schließt sich Polkinghorne denen an, die das Auftreten einer Weltwirklichkeit einschließlich freier Geschöpfe einer Selbstbeschränkung göttlicher (All-)Macht zuschreiben[146], durch die erst Raum für eine nicht-göttliche Wirklichkeit entstehe. Formal gefasst stützt sich Polkinghornes neue natürliche Theologie also auf eine Verbindung von Motiven der jüdischen Mystik (Kabbala) und wahrscheinlichkeitstheoretischen Gedanken.

Das Problem all dieser physikalisch-kosmologisch angesetzten Gottesgedanken besteht darin, dass sich – zumal in ihren populärwissenschaftlichen Präsentationen – die Spreu kaum mehr vom Weizen scheiden lässt. Das hat natürlich mit der zum Teil außerordentlich schwierigen Interpretierbarkeit physikalischer Daten zu tun und tritt vor allem dann ein, wenn eine der einschlägigen Wortmeldungen die Zustimmung prominenter theologischer Stimmen gewinnt.

Genau das ist in einem Fall geschehen, bei dem man das am allerwenigsten annehmen möchte, sobald man das einschlägige Opus einmal in der Hand gehalten hat. Frank J. Tipler (*1947) hat 1994 ein Buch veröffentlicht mit dem Titel *„Die Physik der Unsterblichkeit. Moderne Kosmologie, Gott und die Auferstehung der Toten"*.[147] Der Anspruch Tiplers kommt ausdrücklich der Quadratur des Kreises gleich: Er führt als erklärter Atheist den Beweis für die Existenz Gottes, die Auferstehung und die Ewigkeit. Methodisch geschieht das in Gestalt einer vollständigen Naturalisierung: *Seele* als Software, die in der Informationsmaschine namens „Gehirn" läuft; *Theologie* als Schwachsinn – es sei denn, sie begreift sich als und wird damit zu einem „Teilbereich der Physik".[148] Und wie ist das mit der Auferstehung der Toten? Ganz einfach: Seele ist ja Software; Software kann auf verschiedener Hardware laufen, darum gilt:

> „Die Toten werden auferstehen, sobald die Leistungsfähigkeit aller Computer im Universum so groß ist, daß die zur Speicherung aller möglichen menschlichen Simulationen erforderliche Kapazität nur noch einen unbedeutenden Bruchteil der Gesamtkapazität darstellt."[149]

Das aber ist eine der mit Abstand harmlosesten Thesen Tiplers – was aber nicht verhindert hat, dass Tiplers Buch das Wohlwollen etwa des angesehenen Wolfhart Pannenberg gewinnen konnte.[150]

Einzugehen wäre in diesem Zusammenhang auch noch auf Stephen Hawking, Fritjof Capra und Paul Davies, die alle drei mit einschlägigen Bestsellern bekannt geworden sind. Desgleichen wäre aber auch zu registrieren, dass Carl Friedrich von Weizsäcker (*1912), ein Autor, der wie wenig andere seine Kompetenz für physikalische wie theologische Fragestellungen ausgewiesen hat, einen Ansatz theologischen Fragens beim Problem der Entstehung des Universums, also einen naturphilosophischen Schöpfungsgedanken, schlichtweg für unergiebig hält. Gleichzeitig zögert er nicht, sein quantentheoretisch ansetzendes Bild von der Wirklichkeit der Welt mit weit reichenden theologischen Konsequenzen zu verknüpfen.[151] Vermutlich muss man denjenigen Physikern zustimmen, die ihre philosophierenden oder gar theologisierenden Kollegen in der Mehrheit für nicht weiter ernst zu nehmende Dilettanten halten.

Ich bin auf die zum Teil eigenartig mit naturwissenschaftlichen Daten umgehenden philosophischen Diskussionen des Gottesgedankens wenigstens kursorisch zu sprechen gekommen, weil die skizzierten Konzepte greifbar machen, wie fließend und schnell gerade zeitgenössische Weisen kosmologisch ausgerichteter Gottesgedanken – und selbst solche mit wissenschaftlichem Anspruch – den Umkreis rationaler Verständigung verlassen können. Insofern scheint mir von größtem Belang, dass es in der Gegenwart philosophische Diskussionen der Gottesfrage gibt, die für sich kategorisch das Kriterium der Vernunftgemäßheit aufrichten und dazu auf zeitgenössische philosophische Mittel zurückgreifen.

Eine wahrscheinlichkeitstheoretische Formulierung der Gottesbeweise

Auf exemplarische Weise verbindet Richard Swinburne (*1934)[152] klassische Argumente mit neuen Methoden. Was die philosophische Theologie und speziell die Gottesbeweis-Thematik betrifft, kann als sein Hauptwerk das 1979 erschienene „*The Existence of God*" – deutsch: „*Die Existenz Gottes*" (1987) – gelten. Dies umso mehr, als das Buch auch eingehende Kritik des prominentesten zeitgenössischen philosophischen Anti-Theisten auf sich gezogen hat: John L. Mackie. Dessen Kritik wiederum, vorgetragen unter dem – durchaus ironisch gemeinten – Titel „*Das Wunder des Theismus*"[153] von 1982 (deutsch 1985), ist im deutschsprachigen Bereich vor allem über ihr kommentierendes Referat durch Wolfgang Stegmüller bekannt geworden.[154]

Was Swinburnes Unternehmen auf den ersten Blick geradezu anachronistisch anmuten lässt, ist die ausdrücklich erklärte Überzeugung, im Ausgang von kosmologischen Intentionen philosophisch zum überlieferten Gottesgedanken der westlichen Religionen, näherhin sogar zum biblisch-christlichen personalen Gott zu gelangen. Das schließt für ihn fraglos ein, von diesem Resultat aus dann auch nach Gottesprädikaten zu fragen, also die alte Thematik der Eigenschaften Gottes aufzugreifen. In methodischer Blickrichtung sieht er die damit verbundene Aufgabe darin, die Bedeutungen religiöser Behauptungen zu untersuchen und danach zu fragen, inwiefern sie gerechtfertigt sind. Den Unterschied zur systematischen Theologie sieht er darin, dass diese in erster Linie ein System als Ganzes zu begründen sucht. Der heute in intellektuellen Kreisen gängige Sinnlosigkeitsverdacht gegen religiöse und theologische Sätze – popularisiert und vulgarisiert durch den Logischen Positivismus und dann vor allem durch den Kritischen Rationalismus Hans Alberts (*1921) – ficht Swinburne nicht an. Für die erste Position können nur analytische Sätze oder empirisch verifizierbare Sätze sinnvoll sein, für die zweite nur analytische und falsifizierbare Sätze. Alles andere gilt als Unsinn oder Sprachmissbrauch. Nachgerade erfrischend nüchtern hält Swinburne dem entgegen, dass (a) das Sinnvollsein eines Satzes nicht von seiner Verifikation oder seiner Falsifizierbarkeit abhängt, weil ein Satz dann sinnvoll ist, wenn wir ihn verstehen. Dass (b) Bedeutungsverschiebungen zwischen alltäglichem und religiösem Sprachgebrauch, also analoges und metaphorisches Sprechen, kein Sonderfall der Gottrede und Theologie sind, sondern auch in anderen, zumal in den Naturwissenschaften auftritt: Auch die Rede von „Elektron" oder „Quarks" usw. bedient sich einer modellorientierten, also metaphorischen und analogen Sprache. Und (c) hält er der These, man könne nicht sinnvoll über Gott sprechen, entgegen:

> „Nun, ich kann nur sagen: Versuchen wir es und sehen zu, was dabei herauskommt! Sehen wir zu, ob wir dabei zu Aussagen gelangen, von denen sich zeigen läßt, daß sie wahrscheinlich wahr sind, obwohl sie sich nicht auf sinnlich observierbare Phänomene erstrecken. Wenn dies gelingt, dann haben wir etwas Wichtiges erreicht, auch wenn wir Worte dabei in analogischem Sinn verwenden. Ich sehe keinen Grund dafür anzunehmen, daß wir bei einem solchen Unternehmen von vornherein zum Scheitern verurteilt sind. Außerdem ist meines Erachtens jedes Argument, das zeigen will, wir seien bei einem theoretischen Unternehmen von vornherein zum Scheitern verurteilt, zweifelhaft."[155]

Das ist nicht nur Indiz der für einen wichtigen Teil analytischen Philosophierens so typischen pragmatischen Einstellung. Swinburne bringt damit zugleich den in der Philosophie der Gegenwart nahezu flächendeckend verbreiteten methodischen Atheismus in Ideologieverdacht. Selbstverständlich können philosophische Argumentationen nicht immer auf den lieben Gott rekurrieren, wenn sie in ihrer Sache nicht weiterwissen. Aber eine diesbezügliche strenge Zurückhaltung ist etwas ganz anderes als der Versuch, mehr oder weniger direkt ein Denkverbot in Sachen philosophischer Theologie mit der These aufzurichten, eine Entität namens Gott lasse sich theoretisch weder rechtfertigen noch widerlegen, weil eine erfahrungstranszendente Realität auch epistemologisch transzendent sein müsse.[156]

In der eben zitierten Passage ist auch bereits das Stichwort gefallen, an dessen Leitfaden Swinburne sein alternatives Unternehmen orientiert: *„wahrscheinlich"*. Bei seinem Werk *„Die Existenz Gottes"* handelt es sich in wesentlichen Teilen um eine wahrscheinlichkeitslogische[157] Reformulierung des ersten, zweiten, dritten und fünften der *„Fünf Wege"* des Thomas von Aquin. Auch mit dieser Umorientierung im Ansatz sieht Swinburne die philosophische Theologie und die Gottesrede der Glaubenden kein Sonderrecht beanspruchen, sofern so gut wie nichts, was es überhaupt gibt, je endgültig bewiesen werden könne – und warum solle das im Falle Gottes andere Konsequenzen haben als etwa im Fall der Frage nach der Existenz einer externen Welt oder derjenigen, ob nun die anderen, die uns begegnen, wirklich Menschen wie wir sind oder nur raffinierte Roboter. Die spezifische Rationalität des Wahrscheinlichkeitsansatzes fasst Swinburne in ein Gleichnis:

> „Sie sind in einer Höhle gefangen, und es gibt eine Reihe von Wegen, die hinausführen. Wenn Sie bleiben, wo Sie sind, werden Sie das Ziel, hinauszukommen, nicht erreichen; wenn Sie hinaus wollen, müssen Sie einen der Wege wählen. Es mag sein, daß Sie denken, daß wahrscheinlich keiner der Wege ans Licht führt. Doch ist es dennoch rational, einen zu wählen, solange es nur eine Chance gibt, daß er hinausführt. Natürlich werden Sie den Weg wählen, bei dem es Ihnen am wahrscheinlichsten erscheint, daß er hinausführt."[158]

Das klingt immer noch verblüffend einfach. Nimmt man jedoch Swinburnes Analysen zur Wahrscheinlichkeit näher in Blick, so zeigen sich dahinter ausgesprochen komplexe Gedankenfolgen, die selbst Kritiker wie Mackie oder Stegmüller anerkennen, ohne freilich deswegen Swinburnes Konklusionen im Mindesten zu teilen.

Um Swinburnes induktive Reformulierungen nachvollziehen zu können, muss man sich zunächst mit einigen grundsätzlichen Unterscheidungen vertraut machen, die er auf der Basis allgemeiner logischer Figuren trifft. Zunächst sind zwei Formen von Argumenten auseinander zu halten. Es gibt:

(a) Deduktiv schlüssige Argumente. Solche kennzeichnet, dass die in ihnen zum Ausdruck kommende Folgerung nicht falsch sein kann, wenn die Prämissen richtig sind, so etwa im Fall des folgenden Arguments:

P_1: Alle Menschen sind sterblich.
P_2: Sokrates ist ein Mensch.

C: Sokrates ist sterblich.

Von diesem deduktiven Argument zu unterscheiden sind:
(b) Induktive Argumente. Diese sind nicht deduktiv schlüssig, sondern die Prämissen stützen die Konklusion. Dabei sind – und das ist für Swinburnes Überlegungen wichtig – zwei Arten solcher nicht-deduktiver Argumentation zu unterscheiden. Swinburne macht das an folgendem Beispiel klar:

„P_1: 71% der Einwohner Bayerns sind katholisch.
P_2: Müller ist Bayer.

C: Müller ist katholisch."[159]

Die Prämissen machen die Wahrheit der Folgerung wahrscheinlich, jedenfalls wahrscheinlicher als das Gegenteil, obwohl das natürlich auch der Fall sein kann.

Davon zu unterscheiden ist eine zweite Art induktiver Argumente.
Beispiel:
„P: Jeder von 100 in verschiedenen Teilen der Welt beobachteten Raben ist schwarz.

C: Alle Raben sind schwarz."[160]

Die Konklusion kann durchaus zutreffen, aber die Prämisse kann das in keiner Weise plausibel machen (man muss sich ja nur vorstellen, dass C alle Raben auf der ganzen Welt zu allen Zeiten umfasst). Man kann allenfalls sagen, dass P in diesem Fall die Wahrscheinlichkeit von C erhöht.

Swinburne differenziert darum zwischen guten P-induktiven Argumenten (P von „probable"), in denen die Prämissen die Wahrscheinlichkeit erzeugen, und zwischen so genannten C-induktiven Argumenten (C von „confirm"), in denen die Prämissen die Wahrscheinlichkeit bekräftigen.[161] Diese zweite Induktionsform ist dabei in den größeren Rahmen einer von Swinburne so genannten „*Confirmation Theory*" eingebettet, also einer Bestätigungstheorie, der er 1973 ein ganzes Buch gewidmet hat und auf die er im Zusammenhang seiner Gottesbeweis-Reformulierung immer wieder in formalisierter Gestalt zurückgreift. Um zu zeigen, dass sich formalisierte logische Operationen ernsthaft auf die Gottesbeweisproblematik anwenden lassen, gehe ich nur auf die zentrale Achse des ganzen formallogischen Gefüges ein. Dazu trifft Swinburne folgende Festlegungen:

P = Probable (Wahrscheinlichkeit)
$p, q, \ldots$ = Propositionen (Aussagen über Sachverhalte)
$P(p/q)$ = Wahrscheinlichkeit von p, wenn q gegeben
h = Hypothese
b = Beweismaterial
w = Hintergrundwissen
$b.w$ = Konjunktion von b und w = sowohl b als auch w (bisweilen statt „." auch „&" oder „∧").[162]

Damit lässt sich eindeutig sagen, was ein gutes C-Argument und ein gutes P-Argument ausmacht, weil sich der Wahrscheinlichkeitswert exakt angeben lässt: Wahrscheinlichkeitswerte liegen zwischen 0 und 1 (einschließlich dieser Werte selbst). Wahrscheinlichkeitswert 1 ist gegeben, wenn Proposition q Proposition p gewiss macht, also etwa q p impliziert. Wahrscheinlichkeitswert 0 ist gegeben, wenn die

Proposition q die Proposition $\sim p$ [Nicht-p] gewiss macht, also etwa impliziert. Hat die Wahrscheinlichkeit von p im Verhältnis zu q einen Wert > ½, dann gilt auch:

Wenn $P(p/q) > ½$, dann $P(p/q) > P(\sim p/q)$

Damit sieht ein schlüssiges C-Argument so aus:

$P(h/b.w) > P(h/w)$

Ein schlüssiges P-Argument hat die Form:

$P(h/b.w) > ½$

Damit kann Swinburne sein gesamtes induktives Beweisprogramm mit wenigen Sätzen angeben:

> „Unsere Hypothese h laute nun: ‚Gott existiert'. Beweisgründe, welche für die Existenz Gottes vorgebracht werden, seien die Propositionen b_1, b_2, b_3 usw. So stehe b_1 für ‚Es existiert ein physisches Universum'. Bei der Argumentation von b_1 auf h handelt es sich also um das kosmologische Argument. $P(h/b_1.w)$ steht nun für ‚die Wahrscheinlichkeit, daß Gott existiert, unter der Voraussetzung, daß es ein physisches Universum gibt' – sowie weiterer tautologischer Beweisgründe, die später außer Betracht bleiben können. Wenn $P(h/b_1.w) > ½$, dann handelt es sich bei dem Argument von b_1 auf h um ein gutes P-induktives Argument. Ich werde sechs Argumente (auf der Basis von $b_1 \ldots b_6$) zugunsten der Existenz Gottes sowie eines (b_7) gegen seine Existenz diskutieren. Ich will dann zeigen, daß für jeden Beweisgrund b_n (wobei $n = 1 \ldots 6$) gilt $P(h/b_n.w) > P(h.w)$ und daß $P(h/b_7.w) = P(h/w)$. Entscheidend ist am Ende dann die Frage, ob tatsächlich $P(h/b_1 \ldots b_6.w) > ½$."[163]

Entgegen dem ersten Augenschein steckt im Übrigen bereits in dieser formalen Programmangabe eine für Swinburnes Konzept außerordentlich wichtige inhaltliche Pointe. Sie verbirgt sich im letzten Satz der Passage. Das induktive Beweisziel ist erreicht, wenn die Argumentation von allen Beweismaterialien b_1 bis b_6 auf Hypothese h zusammengenommen einen Wahrscheinlichkeitswert > ½ ergibt, d.h. er bezieht sich nicht auf einzelne Argumente wie die meisten

Kritiker der Gottesbeweise und auch viele Befürworter, sondern wendet ein kumulatives Verfahren an.

Im Einzelnen verbindet Swinburne dabei (a) das kosmologische Argument mit (b) teleologischen Argumenten, (c) Argumenten aus dem Auftreten von Bewusstsein und dem Phänomen der Moral, (d) einem Argument aus der Vorsehung, (e) mit Argumenten aus der Geschichte, gekoppelt mit der Wunderthematik, und schließlich (f) mit einem Argument aus der religiösen Erfahrung. Sein Hauptgegner Mackie setzt sich mit der kosmologisch ansetzenden Beweisführung, mit dem Argument aus dem Bewusstsein und der induktiven Neufassung des teleologischen Arguments auseinander. In der Tat wird das Charakteristische an Swinburnes Vorgehen in diesen drei Fällen besonders gut fassbar. Dennoch gehe ich auf das Argument aus dem Auftreten von Bewusstsein hier nicht ein, weil es ganz in den Hexenkessel der *mind-and-brain*-Debatte eingelassen ist, die ihrerseits eine Wiederauflage der uralten *Leib-Seele*-Debatte darstellt. Wenigstens im Umriss aber möchte ich auf die Swinburne'sche Variante des kosmologischen wie des teleologischen Arguments eingehen.

(a) Was zum kosmologischen Argument zu sagen ist, lässt sich mittels der vorhin eingeführten formalen Mittel kurz und bündig zur Geltung bringen:
– Beweismaterial b: Es gibt dieses unser Universum.
– Hintergrundwissen w: Dazu gehört alles, was wir praktisch als sicher wissen.
– Hypothese h: Es gibt einen Gott, der ein physisches Universum schaffen kann und auch dazu Gründe hat, dies zu tun. Swinburne spricht in diesem Zusammenhang von „personaler Erklärung" im Sinn der Rückführung der Welt auf eine vorsätzliche Handlung dieses Gottes.

Die faktische Verfassung der Welt, speziell ihre Komplexität und Homogenität, machen für Swinburne wahrscheinlich, dass aus Beweismaterial b und Hintergrundwissen w

die Hypothese *h* der Existenz Gottes folgt. Konkret manifestiert sich das für ihn etwa in dem Befund, dass in dem unermesslichen Raum des Universums alle Körper den exakt gleichen Gesetzen gehorchen oder dass Menschen mit größtem Erfolg Regelabläufe in der Natur entdecken und systematisch in ihren Dienst nehmen können. Die Einfachheit der Hypothese „Gott" angesichts dieses Befundes macht gerade ihre Stärke aus, sofern es eine gute Hypothese auszeichnet, möglichst wenige Entitäten, Arten oder Eigenschaften einzuführen. Seine spezifische Stärke zieht Swinburnes kosmologisches Argument sozusagen aus seiner Alltäglichkeit. Es rekurriert weder darauf, dass die bestehende Welt die beste aller möglichen Welten sei, noch behauptet er, dass der Wahrscheinlichkeitswert von $P(b/h.w)$ besonders hoch sei. Er geht lediglich davon aus, dass die Wahrscheinlichkeit von $P(b/w)$ noch geringer ausfalle. Und damit ist ein gutes C-induktives Argument gewonnen: Das Auftreten eines so komplexen Universums wie des unseren nimmt sich ohne die Hypothese eines es erschaffen habenden Gottes unwahrscheinlicher aus als im gegenteiligen Fall.

Freilich gilt das nur, wenn gilt $P(h/w) \neq 0$, d.h. wenn aus dem Verhältnis von Hintergrundwissen und Hypothese nicht von vornherein ein Wahrscheinlichkeitswert von 0 resultiert. Genau diese Ausgangswahrscheinlichkeit aber nimmt Swinburne ohne weitere Begründung in Gebrauch – und eben hier hakt Mackies Kritik ein: Swinburnes Argument sagt ja lediglich, dass kraft der Existenz des so komplexen physischen Universums die Wahrscheinlichkeit der Existenz Gottes steigt, d.h. diese wäre geringer, wenn das Universum nicht bestünde. Doch worauf basiert eigentlich dieses Mehr oder Weniger von Wahrscheinlichkeit? Mackie wörtlich:

> „Wie ließe sich überhaupt irgendeine Ausgangswahrscheinlichkeit dafür angeben, daß es einen Gott gibt, falls es ein solches Universum nicht gäbe? [...] Das Problem besteht in folgendem: Wenn der Beweisgrund *b* in der Existenz einer

komplexen physischen Welt bestehen soll, dann muß das Hintergrundwissen oder die Hintergrundannahme dies ausschließen und kann daher nur logische und mathematische Wahrheiten beinhalten. Aber welche Wahrscheinlichkeit könnte der Gotteshypothese in bezug auf solche Wahrheiten zukommen?"[164]

Ein zweiter Einwand Mackies betrifft Swinburnes Annahme, dass ein unverursachtes, also nicht von einem Gott geschaffenes Universum wegen seiner daraus folgenden Unerklärlichkeit als sonderbar, verwunderlich oder sehr unwahrscheinlich zu qualifizieren sei. Umgekehrt liege die Unwahrscheinlichkeit eher auf Seiten der Annahme eines Schöpfergottes – und zwar deswegen, weil Swinburnes „personale Erklärung" die direkte Realisierung von Absichten ohne physisch-materielle und kausale Vermittlung beinhaltet. Von unserem Hintergrundwissen her aber sei weder verständlich noch wahrscheinlich, dass es etwas mit dieser Fähigkeit gebe:

„Alles, was wir über die Verwirklichung von Absichten wissen, bezieht sich auf *verleiblichte* Absichten, die *indirekt* durch auf das beabsichtigte Ergebnis gerichtete Körperbewegungen oder leibliche Veränderungen verwirklicht werden; und auch die Fähigkeit, Absichten in dieser Weise zu verwirklichen, hat selbst eine *kausale Geschichte* – entweder ist es die eines Entwicklungs- oder die eines Lernprozesses oder die beider. Nur wenn man solche entscheidenden Merkmale außer acht läßt, kann man auf eine Analogie zum vorgeblichen göttlichen Handeln verweisen."[165]

Systematisch gesehen besteht das entscheidende Problem also darin, dass Swinburne mit seiner Hypothese einer Existenz Gottes – und vor allem durch deren Einfachheit – den für uns unerklärlichen Teil der Welt zu reduzieren sucht, ohne mit einem notwendig kraft seines Begriffes existierenden Wesen (wie Anselm von Canterbury) oder einem zureichenden Grund (wie Leibniz) zu operieren. Da jedoch unser Hintergrundwissen w, das ja kein religiöses Wissen beinhalten darf, keinerlei Anfangswahrscheinlichkeit gewährt, kann die Hypothese h die ihr zugedachte Funktion nicht erfüllen. Hinzu kommt, dass das Auftreten der Welt ja an deren geordneten Strukturen hängt, d.h. durch die Hypothese h der Existenz eines Schöpfergottes sollen diese Ordnungsstrukturen erklärt werden. Sie werden aber durch die Annahme Gottes gar nicht erklärt, sondern in den Geist dieses Schöpfers verlagert, d.h. das ganze Problem wird lediglich aus der kosmologischen Perspektive in die teleologische Perspektive verschoben.

(b) Damit zu Swinburnes Neuformulierung der teleologischen Argumentstruktur: Swinburne geht dabei von zwei Konstruktionspunkten aus, einmal von der räumlichen Ordnung der Welt, zum anderen von der zeitlichen Ordnung. *„Räumliche Ordnung"* meint dabei das Auftreten komplex und kompliziert strukturierter Dinge. Die an sie anschließende Überlegung ist in die Evolutionstheorie eingebettet. Wie Menschen nicht nur Maschinen produzieren, sondern auch maschinenproduzierende Maschinen, so wird die Natur als eine solche maschinenproduzierende Maschine aufgefasst. Dies ist legitim, sofern ein weiterer Begriff von „Maschine" auch Biomorphes umfasst. Die Neurowissenschaften haben diesen Gedanken mittlerweile selbstverständlich gemacht. Die Komplexität der natürlichen Phänomene und ihre evolutionäre Dynamik machen es für Swinburne wahrscheinlich, als ihren Urheber einen Schöpfer anzunehmen. Soll das Argument nicht der uns schon bekannten Kritik Kants an dem Übergang von der Bewunderung der Ordnung zu einem Schöpfer verfallen, muss es als empirisch begründet verstanden werden. Das aber schlösse die Prämisse ein, dass innerhalb unseres Erfahrungshorizonts maschinenproduzierende Maschinen ausschließlich auf Planung zurückgehen – und genau diese Prämisse kann nicht bewiesen werden. Höbe das Argument darauf ab, dass die Ordnung der Natur eines a priorischen, sich selbst erklärenden Prinzips bedürfe, wäre man wieder beim kosmologischen Argument gelandet. Deshalb hält Swinburne selbst das Argument auch für nicht sonderlich stark.

Anders im Fall des Ausgangs von der *„zeitlichen Ordnung"* des Universums, d. h. letztlich des Umstands, dass die Eigenschaften der Elementarteilchen über die Zeit hin konstant bleiben. Dieser Gedanke bezieht sich auf das Auftreten von Gesetzmäßigkeiten im gesamten Universum, das genauso gut auch ein Chaos sein könnte, und darauf, dass die Naturwissenschaften gerade die elementarsten dieser Gesetze nicht zu erklären vermögen. Mackie stimmt dem ohne Einschränkung zu, auch dem dahinter stehenden wissenschaftstheoretischen Realismus, also der Annahme, dass die Naturgesetze nicht von uns in die Dinge hineingetragen, sondern in der Wirklichkeit gefunden werden. Swinburnes argumentative Absicht geht dabei nicht darauf zu behaupten, die Ordnungsstrukturen des Universums seien ohne einen Urheber nicht zu erklären. Er beschränkt sich statt dessen darauf, dass das Auftreten dieser Strukturen durch Annahme der Hypothese h von der Existenz eines Gottes wahrscheinlicher wird als ohne diese Annahme. Die Ordnung des Universums macht das Dasein Gottes wahrscheinlicher, wenn (a) das Auftreten der Ordnung nicht anders als durch die Hypothese des Daseins Gottes erklärt werden kann und ein unverursachtes Auftreten sehr unwahrscheinlich ist, oder wenn (b) die Eigenschaften Gottes die Wahrscheinlichkeit erhöhen, dass Gott eine solche Ordnung und nicht andere Zustände schafft.

Die hinter (a) stehende Frage beantwortet Swinburne positiv mit Blick darauf, dass zum einen allen materiellen Gegenständen über einen unendlichen Raum und eine unendliche Zeit hin wenige gemeinsame allgemeine Kräfte zukommen. Hinzu komme, dass in der unendlichen Zahl der Gegenstände eine verblüffende Ordnung identischer Kräfte und Elemente herrsche. Der Rekurs auf die Eigenschaften Gottes unter (b) fällt natürlich ausgesprochen spekulativ aus, sofern Swinburne dabei Gründe für das Handeln, ja sogar das So-und-nicht-anders-Handeln Gottes angeben muss. Er tut das dennoch dergestalt, dass er das Eintreten von Schönheit, das bestimmte Ordnungen voraussetzt, für besser erachtet als ein chaotisches Universum. Und außerdem sei es gut, dass Gott endliche Wesen schaffe, die durch ihre Erforschung der Ordnungen Wissen und Macht zu erwerben vermögen. Jedenfalls gäbe es keinen guten Grund für Gott, solche Wesen nicht zu schaffen. Ganz abgesehen von der Frage der theologischen Stimmigkeit solcher Erwägungen tritt dabei ersichtlich ein anthropomorphierender Zug hervor. Doch selbst unter Auslassung dieser zweiten Überlegung – also mit Beschränkung auf den Gedanken *Schönheit versus Chaos* – hält Swinburne die Version (b) einer Erhöhung der Wahrscheinlichkeit der theistischen Hypothese für erfüllt. Damit zieht er das Resümee:

> „Die Ordnung in der Welt ist demnach ein Hinweis auf die Existenz Gottes. Dies sowohl deswegen, weil sie *a priori* sehr unwahrscheinlich ist, als auch deswegen, weil Gott aufgrund der ihm zugeschriebenen Eigenschaften sehr gute, anscheinend sogar ausschlaggebende Gründe hat, ein geordnetes Universum zu erschaffen, wenn er überhaupt eines erschafft. Es scheint, daß $P(b/h.w)$ nahe bei 1 liegt. Aus beiden Gründen ist $P(b/h.w) \gg P(b/\sim h.w)$ und daher $P(h/b.w) \gg P(h/w)$. Ich komme also zu dem Schluß, daß das teleologische Argument auf der Basis der zeitlichen Ordnung ein gutes C-induktives Argument für die Existenz Gottes darstellt."[166]

Mehrere Implikationen dieses Arguments sind nicht ausgewiesen, so etwa diejenige, dass die Unerklärlichkeit der elementaren Naturgesetze deren Auftreten ohne einen Urheber außerordentlich unwahrscheinlich mache. Die zentrale Anfrage Mackies aber heißt: Was leistet die Kombination der Hypothese „Es gibt eine zeitliche Ordnung" mit der Hypothese „Es gibt einen Urheber dieser Ordnung" wahrscheinlichkeitslogisch mehr als die erste These allein für sich genommen? Die theistische Hypothese allein leidet an einer ausgesprochen schlechten Ausgangswahrscheinlichkeit, kann also die Wahrscheinlichkeit der Ordnungshypothese so gut wie nicht erhöhen. Wird darum die theistische Hypothese inhaltlich angereichert – etwa durch einen unmittelbar wirkmächtigen Geist etc. –, erhöht sich zwar die Wahrscheinlichkeit des Auftretens zeitlicher Ordnung, jedoch handelt es sich um eine Ad-hoc-Konstruktion, die durch eine beliebige andere Konstruktion ersetzt werden könnte.

Obwohl Swinburne also auch seine Rekonstruktion des teleologischen Beweises – wie im Fall der anderen Beweisgänge – nur als gutes C-induktives Argument auffasst, also als sehr schwach, kommt er dennoch am Ende seines Werkes „Die Existenz Gottes" zu dem Resultat, dass sich aus der Einsetzung des gesamten von ihm aufgebotenen Beweismaterials an der Stelle „b" der Formel $P(b/h.w)$ dadurch ein gutes P-induktives Argument ergibt, dass das Gewicht aller religiösen Erfahrung der Menschheit eine Existenz Gottes wahrscheinlicher macht als seine Nicht-Existenz, wenn diese Existenz Gottes angesichts aller anderen Beweismaterialien nicht als ausgesprochen unwahrscheinlich gelten soll – und genau das sieht er durch C-induktive Argumente ausgeschlossen. Fazit:

> „Die hier betrachteten Phänomene sind verwunderlich und seltsam. Der Theismus macht sie nicht sehr wahrscheinlich; es gibt aber auch nichts anderes, was sie auch nur im geringsten wahrscheinlich machen würde; dennoch schreien sie geradezu nach einer Erklärung. *A priori* ist der Theismus vielleicht sehr unwahrscheinlich; er ist aber weitaus wahrscheinlicher als jede konkurrierende Hypothese. Daher stellen unsere Phänomene einen wesentlichen Beweis für die Wahrheit des Theismus dar"[167]

– was exakter heißen müsste: einen Beweis für die Wahrheit des Theismus im Rahmen der subjektiven Induktions- und der Bestätigungstheorie. Swinburnes Anwendung dieser Theorieformen ist formal korrekt. Ob man die mit ihnen gewonnenen Resultate teilt, hängt entscheidend von der Ausgangswahrscheinlichkeit der Hypothese eines Daseins Gottes ab. Deren Bestimmung dürfte allerdings nicht davon abgetrennt werden können, wie derjenige seine Erfahrungen interpretiert, der sich in der Gottesfrage zu vergewissern sucht.

Resümee

Gottesbeweise sind generell als eine Stellungnahme zum Ganzen der Wirklichkeit einschließlich der Existenz dessen, der einen solchen Gedanken fasst, zu begreifen. Ihre Schlüssigkeit hängt davon ab, inwieweit jemand die Voraussetzungen teilen kann, die die jeweiligen Argumente unterstellen. Philosophisch relevant sind Argumente für das Dasein Gottes – teilt man die Voraussetzungen – bereits dann, wenn sie dessen Annahme als nicht-vernunftwidrig auszuweisen vermögen. Umgekehrt zieht auch die Philosophie für sich Nutzen aus den theologischen Grenzgängen der Gottesbeweise. Die in theologischen Dingen gewiss zurückhaltenden Herausgeber des Sonderhefts der Zeitschrift „Merkur" mit dem Titel *„Nach Gott fragen"* von 1999 beenden ihr Vorwort mit der Bemerkung:

> „Nach Gott zu fragen, sei es in der Weise der Theologie, sei es mit Blick auf das Religiöse in der säkularen Welt, ist ein Exerzitium. […] Wer es ausschlägt, nimmt Schaden – der Gläubige an seiner Seele, der Ungläubige an seinem Intellekt."[168]

Das Erstere liegt auf der Hand. Letzteres verhält sich deswegen so, weil eine Vernunft, die sich selbst ernst nimmt, erst in der Auseinandersetzung mit dem Gottesgedanken als dem Inbegriff einer alles begründenden und bestimmenden Wirklichkeit[169], die sie gleichwohl nicht einmal begrifflich fassen kann, die eigene Größe so zu gewärtigen vermag, dass sie dabei ihrer Grenzen innewird.

Stichwort Gottesbeweise

Gottesbeweise sind durch ihren spezifischen Sachbereich strukturierte Argumentationsformen mit bestimmten Voraussetzungen. Die fundamentalste Voraussetzung besteht nach Thomas von Aquin darin, dass die Existenz Gottes nicht durch sich bekannt ist, da sonst die Nicht-Existenz Gottes nicht denkbar wäre (vgl. Thomas v. Aquin: S. th. I, q2, a1, c). Im Gottesbeweis geht es nicht um die Aufdeckung von völlig Neuem oder die Widerlegung einer Gottesbestreitung. Ein Gottesbeweis benennt Gründe für das Recht und die Vernunftgemäßheit der Annahme der Gottesexistenz in schlussfolgernder Form, entfaltet die intellektuelle Plausibilität einer bereits gegebenen prädiskursiven oder intuitiv oder emotional fundierten Gewissheit und dient der reflexiven Selbstvergewisserung von Glaubenden. Er ersetzt nicht die Option für eine religiöse Welt- und Selbstbeschreibung und unterstellt nicht die Irreligiosität oder Dummheit derer, die ihn bestreiten. Diese Relevanzbeschränkung der Gottesbeweise mindert nicht ihr Gewicht, im Gegenteil: Sie dient der Selbstverständigung in der Perspektive intellektueller Redlichkeit. Diese reflexive Selbstvergewisserung ist zugleich für den Disput zwischen Glaubenden und Nicht-Glaubenden im Sinne einer lokalisierbaren Markierung eigener Positionen von Belang. Dieses systematische Gewicht spiegelt sich in bis heute anhaltenden Diskussionen über die klassischen Argumente, die zugleich als Testfall zur Bestimmung der Leistungsfähigkeit von Vernunft fungieren, sowie über neue – besonders naturwissenschaftlich gestützte – Argumente.

Vor dem Hintergrund zahlreicher Vorformen haben sich sieben Haupttypen von Gottesbeweisen herausgebildet, von denen einer bleibend mit dem Namen Anselms von Canterbury, fünf mit dem des Thomas von Aquin und einer mit demjenigen Immanuel Kants verbunden ist. Das anselmianische Argument war im Mittelalter keineswegs das wichtigste, das kantische steht im Kontext der radikalen Zurückweisung der vorhergehenden Argumente von Anselm und Thomas. Anselms Argument, dass das, worüber hinaus Größeres nicht gedacht werden kann (der von Anselm gefasste Gottes*begriff*), notwendig existieren müsse (vgl.: Anselm v. Canterbury: Proslogion II) hat seine eigentliche Pointe nicht im Übergang vom Begriff zum Sein Gottes, sondern in der Unmöglichkeit, unter Annahme der Prämissen die Nicht-Existenz Gottes überhaupt konsistent zu denken (vgl. Proslogion III). Die triftigste Kritik des Arguments stammt nicht (wie gemeinhin unterstellt) von Kant, sondern von Thomas von Aquin, sofern er – ausgesprochen modern gedacht – in Erwägung zieht, dass der von Anselm vorausgesetzten Denknotwendigkeit keine Realität entsprechen müsse (vgl.: S. th. I, q2, a1 ad2). Thomas' eigene Argumente – die berühmten „Fünf Wege" (vgl.: S. th. I, q2, a3) – folgen bis auf eine Ausnahme (dem vierten, neoplatonisch perspektivierten Weg) der aristotelischen Denkform. Am „ersten Weg" exemplifiziert: Ausgangspunkt ist das empirische Datum der Bewegung, das zwei Prämissen einschließt: das Kausalprinzip und die Vermeidung eines regressus in infinitum (sonst würde Bewegung gleichsam verpuffen bzw. „zerdacht" werden). Daraus resultiert als conclusio die Notwendigkeit eines unbewegt Bewegenden. Diese Konklusion wird abschließend theologisch interpretiert. Das Argument ist über die semantische Ebene in eine theologische Intention eingebettet: Die metaphysische Konklusion wird in den üblichen Sprachgebrauch zurückgestellt. Die „Fünf Wege" sind zu verstehen als philosophische Meditationen eines Glaubenden über den Glauben.

Kant erachtet mit seiner Kritik des ontologischen Arguments (sein Name für Anselms Gedanken, den er in seiner cartesianischen Version kritisiert) und ihrer Bemängelung des Sprungs von der Logik in die Ontologie (vgl.: Kritik der reinen Vernunft B 620-630) alle klassischen Gottesbeweise insgesamt als erledigt, sofern das teleologische oder physikotheologische Argument (aus der Zielgerichtetheit der Welt) das kosmologische (aus dem Ursprung der Welt) und dieses wiederum das ontotheologische einschachtele (vgl. Kritik der reinen Vernunft B 658). Kants Zurückweisung der klassischen Gottesbeweise geht mit einer Transformation der Metaphysik in Moraltheologie einher, insofern der Gottesgedanke als notwendiges Postulat für die Vernünftigkeit der praktischen Vernunft (des sittlichen Sollens) reformuliert wird. Wer das einfach als Wunschgedanken abtut, unterstellt der Vernunft hinsichtlich ihres eigenen existentiellen Zentrums eine radikale Fraglichkeit und darf aus Vernunftgründen nicht einmal mehr für die Opfer der Geschichte auf Gerechtigkeit hoffen.

Es gibt noch andere – vor allem aus der Analytischen Philosophie vorgetragene – Einwände gegen Anselms Argument auf logischer, grammatischer und semantischer Ebene wie etwa seitens G. Freges, B. Russells, C. Hartshornes, N. Malcolms, J. L. Mackies, P. F. Strawsons und A. Plantingas, wie überhaupt Gottesbeweise immer wieder das Interesse auch zeitgenössischer Philosophie auf sich ziehen, weil sie sich dazu eignen, die Grenzen spekulativer Reflexion auszutesten (vgl. dazu exemplarisch die modallogische Reformulierung des ontologischen Arguments durch Plantinga oder die wahrscheinlichkeitstheoretische Fassung der Gottesbeweisthematik durch R. Swinburne). Hinter dem Titel „Neue Gottesbeweise" verbergen sich in der Regel nicht sonderlich überzeugende Argumentationen auf der Basis zeitgenössischer kosmologischer Theorien, allerdings fallen unter ihn auch so herausfordernde Vorschläge wie der mathematische G. K. Gödels.

Anmerkungen

[1] Als deutsche Übersetzung vgl. Chesterton, Gilbert K.: Father Browns Einfalt. Zwölf Geschichten. Deutsch von Hanswilhelm Haefs. Zürich 1991.
[2] Chesterton: Father Browns Einfalt. (Anm. 1). 24–25.
[3] Chesterton: Father Browns Einfalt. (Anm. 1). 30.
[4] Vgl. Pascal, Blaise: Über die Religion und über einige andere Gegenstände (Pensées). Frgm. 543. Übertr. und hrsg. von Ewald Wasmuth. Gerlingen ⁹1994. 238–239.
[5] Vgl. Fichte, Johann Gottlieb: Über den Grund unseres Glaubens an eine göttliche Weltregierung. In: Ders.: Fichtes Werke. Bd. V. Hrsg. von Immanuel Hermann Fichte. Berlin 1971. 175–189. Hier 178.
[6] Strauss, Leo: Brief vom 15.08.1946. In: Löwith, Karl – Strauss, Leo: Correspondence Concerning Modernity. In: Independent Journal of Philosophy 4 (1983). 105–119. Hier 108.
[7] Weil, Simone: Schwerkraft und Gnade. Übers. und mit einem Nachwort versehen von Friedhelm Kemp. München ³1981. 175.
[8] Meister Eckhart: Zitiert nach: Zink, Jörg: Dornen können Rosen tragen. Mystik – die Zukunft des Christentums. Stuttgart 1997. 21.
[9] Barth, Karl: Die Kirchliche Dogmatik. Die Lehre vom Wort Gottes. Prolegomena zur Kirchlichen Dogmatik. 1. Halbbd. Zit. nach: Studienausg. Bd. 1. Zürich 1986. VIII–IX.
[10] Zugänglich als Heidegger, Martin: Phänomenologie des religiösen Lebens. Frankfurt a.M. 1995. (GA; 60).
[11] Vgl. Heidegger, Martin: Einleitung in die Phänomenologie der Religion. In: Ders.: Phänomenologie des religiösen Lebens. (Anm.10). 3–156. Hier 27–28.
[12] Vgl. dazu die Dogmatische Konstitution „Dei Filius" über den katholischen Glauben. In: Denzinger, Heinrich: Kompendium der Glaubensbekenntnisse und kirchlichen Lehrentscheidungen. Nr. 3004. Verbessert, erweitert, ins Deutsche übertragen und unter Mitarbeit von Helmut Hoping hrsg. von Peter Hünermann. Freiburg; Basel; Rom; Wien ³⁷1991. 813.
[13] Vgl. Heidegger, Martin: Augustinus und der Neuplatonismus. In: Ders.: Phänomenologie des religiösen Lebens. (Anm. 10). 157–299. Hier 281–282.
[14] Vgl. Augustinus, Aurelius: Die Bekenntnisse X, 26, 37. Übertragung, Einleitung und Anmerkungen von Hans Urs von Balthasar. Einsiedeln 1985. 265.
[15] Heidegger: Augustinus und der Neuplatonismus. (Anm. 13). 203–204.
[16] Vgl. Heidegger: Einleitung in die Phänomenologie der Religion. (Anm. 11). 105. Vgl. auch 122 mit scharfer diesbezüglicher Kritik an Jaspers.
[17] Heidegger: Einleitung in die Phänomenologie der Religion. (Anm. 11). 135.
[18] Vgl. Heidegger, Martin: Einleitung zu: „Was ist Metaphysik?". In:

Ders.: Wegmarken. Frankfurt a.M. 1976. (GA; 9). 365–383. Hier 378–379.
[19] Vgl. dazu Spiegel-Gespräch mit Martin Heidegger. In: Neske, Günther – Kettering, Emil (Hgg.): Antwort. Martin Heidegger im Gespräch. Pfullingen 1988. 81–111.
[20] Heidegger, Martin: Identität und Differenz. Pfullingen [5]1976. 64–65.
[21] Vgl. etwa Lotz, Johann B.: Martin Heidegger und Thomas von Aquin. Mensch, Zeit, Sein. Pfullingen 1975.
[22] Thomas von Aquin: Summa theologiae I, q2 a1 c. In: Ders.: Vollständige, ungekürzte deutsch-lateinische Ausgabe der Summa theologica. Bd. 1. Übers. von Dominikanern und Benediktinern Deutschlands und Österreichs. Salzburg 1933. 37–38.
[23] Xenophon: Erinnerungen an Sokrates. IV, 3, 13. Griechisch-Deutsch. Hrsg. von Peter Jaerisch. München [2]1977. 277.
[24] Vgl. dazu (mit vielen Quellenangaben): Art. „Gottesbeweis". In: HWP. Bd. 3. Sp. 818–830.
[25] Cicero, Marcus Tullius: Gespräche in Tusculum. I, 13, 30. Lateinisch/Deutsch. Mit ausführlichen Anmerkungen neu hrsg. von Olof Gigon [6]1992. 34. [Übers. K.M.].
[26] Wittgenstein, Ludwig: Vorlesungen und Gespräche über Ästhetik, Psychologie und Religion. Hrsg. von Cyrill Barret. Übers. und eingel. von Eberhard Bubser. Göttingen 1968. 98–99.
[27] Vgl. Rahner, Karl: Hörer des Wortes. In: Ders.: Sämtliche Werke. Bd. 4. Hrsg. von der Karl-Rahner Stiftung. Bearbeitet von Albert Raffelt. Solothurn; Düsseldorf; Freiburg i. Br. 1997. 1–281.
[28] Vgl. Augustinus: De libero arbitrio. Über den freien Willen. II, 3–15. In: Ders.: Theologische Frühschriften. Lateinisch/Deutsch. Übers. und erläutert von Wilhelm Thimme. Zürich; Stuttgart 1962. 115–147.
[29] Kant, Immanuel: Kritik der reinen Vernunft. B 618–619, A 590–591. In: Ders.: Werke in 12 Bänden. Bd. IV. Hrsg. von Wilhelm Weischedel. Frankfurt a.M. [13]1995. 528.
[30] Thomas von Aquin: Summa theologiae. I, q2 a3 c. (Anm. 22). 44–45.
[31] Vgl. zum folgenden Müller, Klaus: Thomas von Aquins Theorie und Praxis der Analogie. Der Streit um das rechte Vorurteil und die Analyse einer aufschlußreichen Diskrepanz in der „Summa theologiae". Frankfurt a.M.; Bern; New York 1983. 211–214.
[32] Vgl. Velecky, Lubor C.: Flew on Aquinas. In: Philosophy 43 (1968). 213–230. Hier 227.
[33] Vgl. zum Folgenden auch Verweyen, Hansjürgen: Gottes letztes Wort. Grundriß der Fundamentaltheologie. Regensburg [3]2000. 79–82.
[34] Vgl. Thomas von Aquin: Summa theologiae. I, q2 a3 obi.1. (Anm. 22). 43. Vgl. dazu auch Kreiner, Armin: Gott im Leid. Zur Stichhaltigkeit der Theodizee-Argumente. Freiburg; Basel; Wien 1997. (QD; 168). – Wagner, Harald (Hg.): Mit Gott streiten. Neue Zugänge zum Theodizee-Problem. Freiburg; Basel; Wien [2]1998. (QD; 169).
[35] Vgl. Thomas von Aquin: Summa theologiae. I, q2 a3 ad1. (Anm. 22). 48–49.
[36] Thomas von Aquin: Summa theologiae. I, q2 a3 c. (Anm. 22). 46.

[37] Thomas von Aquin: Summa theologiae. I, q2 a3 c. (Anm. 22). 46–47.
[38] Thomas von Aquin: Summa theologiae. I, q2 a3 c. (Anm. 22). 47–48.
[39] Thomas von Aquin: Summa theologiae. I, q2 a3 c. (Anm. 22). 48.
[40] Thomas von Aquin: Summa contra gentiles. I, 13. In: Ders.: Summe gegen die Heiden. Bd. 1. Hrsg. und übers. von Karl Albert und Paulus Engelhardt unter Mitarbeit von Leo Dümpelmann. Darmstadt ³1994. 59.
[41] Kant: Kritik der reinen Vernunft. B 654, A 626. (Anm. 29). 552–553.
[42] Kant: Kritik der praktischen Vernunft. A 288–289. In: Ders.: Werke in 12 Bänden. Bd. VII. Hrsg. von Wilhelm Weischedel. Frankfurt a.M. ¹³1996. 103–302. Hier 300.
[43] Vgl. Dennett, Daniel C.: Darwins gefährliches Erbe. Die Evolution und der Sinn des Lebens. Hamburg 1997.
[44] Vgl. Hick, John – McGill, Arthur C. (Hgg.): The Many-Faced Argument. Recent Studies on the Ontological Argument for the Existence of God. London; Melbourne 1968.
[45] Anselm von Canterbury: Proslogion. Prooemium. In: Ders.: Proslogion. Lateinisch-deutsche Ausgabe. Hrsg. von Franciscus Salesius Schmitt. Stuttgart-Bad Cannstatt ²1984. 69
[46] Anselm von Canterbury: Proslogion. II. (Anm. 45). 85–87.
[47] Vgl. dazu Verweyen, Hansjürgen: Nach Gott fragen. Anselms Gottesbegriff als Anleitung. Essen 1978. – Ders.: Gottes letztes Wort. (Anm. 33). 82–89.
[48] Der Einwand Gaunilos findet sich in: Anselm von Canterbury: Opera omnia. Bd. 1. Hrsg. von Franciscus Salesius Schmitt. Stuttgart-Bad Cannstadt 1968. 125–129.
[49] Anselm von Canterbury: Quid ad haec respondeat editor ipsius libelli. In: Ders.: Opera omnia. Bd. 1. (Anm. 48). 125–138. Hier 133. Übers. zit. nach Verweyen: Gottes letztes Wort. (Anm. 33). 84–85.
[50] Vgl. Thomas von Aquin: Summa theologiae. I q2 a1 ad2. (Anm. 22). 39.
[51] Descartes, René: Meditationen über die Grundlagen der Philosophie. II, 3. Übers. und hrsg. von Arthur Buchenau. Hamburg 1994. 18.
[52] Descartes: Meditationen. III, 28. (Anm. 51). 37.
[53] Verweyen: Gottes letztes Wort. (Anm. 33). 92.
[54] Descartes: Meditationen. III, 42. (Anm. 51). 42.
[55] Vgl. zum Folgenden Descartes: Meditationen. V, 7–8. (Anm. 51). 55–56.
[56] Descartes: Meditationen. V, 9. (Anm. 51). 56.
[57] Vgl. Descartes: Erste Einwände und Erwiderungen zu den Meditationen. In: Ders: Meditationen. (Anm. 51). 81–109. Hier 107–108.
[58] Kant: Kritik der reinen Vernunft. B 626–627, A 598–599. (Anm. 29). 533–534.
[59] Kant: Kritik der reinen Vernunft. B 630, A 602. (Anm. 29). 536.
[60] Augustinus: De civitate dei. XI, 26. In: CCSL. Bd. 48. 345.
[61] Kant: Kritik der reinen Vernunft. B 157 (Anm. 29). 152.
[62] Anselm von Canterbury: Proslogion. III. (Anm. 45). 87.
[63] Thomas von Aquin: Summa theologiae. I, q2 a1 ad2. (Anm. 22). 39.
[64] Vgl. Thomas von Aquin: Ad II. Timotheum. III, 3. Nr. 126. In: Ders.:

Werkausgabe (Edition Marietti). Bd. VIII, II. Turin; Rom 1953. 265–299. Hier 290.

[65] Vgl. Frege, Gottlob: Funktion und Begriff. In: Ders.: Funktion, Begriff, Bedeutung. Fünf logische Studien. Hrsg. und eingel. von Günther Patzig. Göttingen ⁴1975. 18–39. Hier 36. Anm. 8.

[66] Vgl. zum Folgenden die Schematisierung in Schwemmer, Oswald – Wimmer, Rainer: Art. „Gottesbeweis". In: Enzyklopädie Philosophie und Wissenschaftstheorie. Bd. 1. Hrsg. von Jürgen Mittelstraß. Mannheim; Wien; Zürich 1980. 789–804. Hier 801–802.

[67] Als Quellen vgl. Plantinga, Alvin: The Ontological Argument. London 1968. – Ders.: The Nature of Necessity. Oxford 1974.

[68] Vgl. Plantinga: The Nature of Necessity. (Anm. 67). 214.

[69] Vgl. dazu Wieckowski, Bartosz: Gott in möglichen Welten. Eine Analyse des modalen ontologischen Arguments für die Existenz Gottes bei Alvin Plantinga. Münster 1999. (Pontes; 2). – Löffler, Winfried: Notwendigkeit, S_5 und Gott. Das Ontologische Argument für die Existenz Gottes in der zeitgenössischen Modallogik. Münster 2000. (Pontes; 4).

[70] Vgl. Mackie, John L.: Das Wunder des Theismus. Argumente für und gegen die Existenz Gottes. Aus dem Englischen von Rudolf Ginters. Stuttgart 1985. 94.

[71] Dalferth, Ingolf U.: Umgang mit dem Selbstverständlichen. Anmerkungen zum ontologischen Argument. In: Ders.: Gott. Philosophisch-theologische Denkversuche. Tübingen 1992. 213–243. Hier 221.

[72] Vgl. Dalferth: Umgang mit dem Selbstverständlichen. (Anm. 71). 231.

[73] Kant: Kritik der reinen Vernunft. B 627, A 599. (Anm. 29). 533–534.

[74] Vgl. Kant: Kritik der reinen Vernunft. B 647, A 619. (Anm. 29). 547–548.

[75] Vgl. Kant: Kritik der reinen Vernunft. B 632, A 604. (Anm. 29). 537.

[76] Kant: Kritik der reinen Vernunft. B 635, A 607. (Anm. 29). 539.

[77] Kant: Kritik der reinen Vernunft. B 641, A 613. (Anm. 29). 543.

[78] Kant: Kritik der reinen Vernunft. B 657, A 629. (Anm. 29). 555.

[79] Kant: Kritik der reinen Vernunft. B 7, A 3. (Anm. 61). 49.

[80] Vgl. Kant: Kritik der reinen Vernunft. B 669, A 641. (Anm. 29). 563.

[81] Kant: Kritik der reinen Vernunft. B 660, A 632. (Anm. 29). 556.

[82] Vgl. Kant: Kritik der reinen Vernunft. B 660, A 632. (Anm. 29). 557.

[83] Kant: Kritik der reinen Vernunft. B 608, A 580. (Anm. 29). 521.

[84] Kant: Kritik der reinen Vernunft. B 647, A 619. (Anm. 29). 547.

[85] Kant: Kritik der reinen Vernunft. B 608, A 581. (Anm. 29). 521.

[86] Kant: Kritik der reinen Vernunft. B 664, A 636. (Anm. 29). 559.

[87] Kant: Kritik der reinen Vernunft. B 669, A 641. (Anm. 29). 563.

[88] Vgl. Kant: Kritik der reinen Vernunft. B 697, A 669. (Anm. 29). 582.

[89] Kant: Kritik der reinen Vernunft. B 771, A 743. (Anm. 29). 634.

[90] Kant: Kritik der reinen Vernunft. B 661, A 633. Anm. *. (Anm. 29). 557.

[91] Kant: Kritik der praktischen Vernunft. A 55–56. (Anm. 42). 141–142.

[92] Kant, Immanuel: Grundlegung zur Metaphysik der Sitten. BA 52. In:

Ders.: Werke in 12 Bänden. Bd. VII. Hrsg. von Wilhelm Weischedel. Frankfurt a.M. ¹³1996. 11–102. Hier 51.
[93] Vgl. Kant: Kritik der praktischen Vernunft. A 54. (Anm. 42). 140.
[94] Vgl. Kant: Kritik der praktischen Vernunft. A 6 sowie A 52–53. (Anm. 42). 108 bzw. 138–140.
[95] Vgl. Kant: Kritik der praktischen Vernunft. A 45. (Anm. 42). 133.
[96] Vgl. Kant: Kritik der reinen Vernunft. B 837, A 809. (Anm. 29). 680. – Ders.: Kritik der praktischen Vernunft. A 214. (Anm. 42). 248–249.
[97] Kant: Kritik der praktischen Vernunft. A 223–224. (Anm. 42). 255.
[98] Vgl. Kant, Immanuel: Von einem neuerdings erhobenen vornehmen Ton in der Philosophie. A 414. Anm. *. In: Ders.: Werke in 12 Bänden. Bd. VI. Hrsg. von Wilhelm Weischedel. Frankfurt a.M. ¹³1996. 377–397. Hier 390–391.
[99] Kant: Kritik der praktischen Vernunft. A 226. (Anm. 42). 256.
[100] Kant, Immanuel: Kritik der Urteilskraft. B 409, A 405. In: Ders.: Werke in 12 Bänden. Bd. X. Hrsg. von Wilhelm Weischedel. Frankfurt a.M. ¹³1994. 72–456. Hier 403.
[101] Mendelssohn, Moses: Morgenstunden oder Vorlesungen über das Dasein Gottes. Vorbericht. In: Ders.: Schriften über Religion und Aufklärung. Hrsg. und eingel. von Martina Thom. Darmstadt 1989. 467–471. Hier 469.
[102] Kant, Immanuel: Die Religion innerhalb der Grenzen der bloßen Vernunft. B 58–59, A 55. In: Ders.: Werke in 12 Bänden. Bd. VIII. Hrsg. von Wilhelm Weischedel. Frankfurt a.M. ¹⁰1993. 647–879. Hier 700.
[103] Vgl. oben Kapitel 1. – Zur systematischen Instabilität in der kantischen Gotteslehre vgl. auch Förster, Eckhard: Die Wandlungen in Kants Gotteslehre. In: ZPhF 52 (1998). 341–362. Er vertritt die These, dass Kant im Gang seines Lebens alle überhaupt möglichen Positionen in der Gotteslehre vertreten habe.
[104] Vgl. dazu auch Verweyen, Hansjürgen: Kants Gottespostulat und das Problem sinnlosen Leidens. In: ThPh 62 (1987). 580–587.
[105] Vgl. Kreiner, Armin: Gott im Leid. Zur Stichhaltigkeit der Theodizee-Argumente. Freiburg; Basel; Wien 1997. (QD; 168). – Wagner, Harald (Hg.): Mit Gott streiten. Neue Zugänge zum Theodizee-Problem. Freiburg; Basel; Wien ²1998. (QD; 169).
[106] Vgl.: Büchner, Georg: Dantons Tod. 3. Akt. In: Ders.: Dantons Tod. Kritische Studienausgabe des Originals mit Quellen, Aufsätzen und Materialien. Hrsg. von Peter von Becker. Frankfurt a.M. ²1985. 50–72.
[107] Das vertritt selbst heute noch etwa John Hick in seiner ansonsten so avantgardistischen Religionstheologie. Vgl. dazu Hick, John: Religion. Die menschlichen Antworten auf die Frage nach Leben und Tod. Übers. von Clemens Wilhelm. Bearbeitet und mit einem Vorwort versehen von Armin Kreiner. München 1996. 134–141.
[108] Vgl. bes. Leibniz, Gottfried W.: Die Theodizee. Übers. von Artur Buchenau. Einführender Essay von Morris Stockhammer. Hamburg ²1968.
[109] Vgl. Kant, Immanuel: Über das Mißlingen aller philosophischen Versuche in der Theodizee. A 210. In: Ders.: Werke in 12 Bänden.

Bd. XI. Hrsg. von Wilhelm Weischedel. Frankfurt a.M. ¹⁰1993. 103–124. Hier 114.

[110] Vgl. Wittgenstein, Ludwig: Vorlesungen und Gespräche über Ästhetik, Psychologie und Religion. Hrsg. von Cyrill Barret. Übers. und eingel. von Eberhard Bubser. Göttingen 1968. 98–99.

[111] Kant: Mißlingen. A 212. (Anm. 109). 115.

[112] Geyer, Carl-Friedrich: Materialien zur Begriffsgeschichte der Theodizee, vor allem im 19. und 20. Jahrhundert. In: Oelmüller, Willi (Hg.): Worüber man nicht schweigen kann. Neue Diskussionen zur Theodizeefrage. München 1992. 209–242. Hier 215.

[113] Geyer, Carl-Friedrich: Das Theodizeeproblem – ein historischer und systematischer Überblick. In: Oelmüller, Willi (Hg.): Theodizee – Gott vor Gericht? München 1990. 9–32. Hier 17–18. – Umfängliche Erläuterungen vgl. bei Geyer, Carl-Friedrich: Die Theodizee – Diskurs, Dokumentation, Transformation. Stuttgart 1992.

[114] Metz, Johann B.: Plädoyer für mehr Theodizee-Empfindlichkeit in der Theologie. In: Oelmüller: Worüber man nicht schweigen kann. (Anm. 112). 125–137. Hier 125.

[115] Metz, Johann B.: Theologie als Theodizee? In: Oelmüller: Theodizee. (Anm. 113). 103–118. Hier 105.

[116] Metz: Theologie als Theodizee? (Anm. 115). 114.

[117] Vgl. Metz: Theologie als Theodizee? (Anm. 115). 107–110.

[118] Vgl. Metz: Plädoyer. (Anm. 114). 135–137.

[119] Metz: Theologie als Theodizee? (Anm. 115). 115.

[120] Vgl. dazu Schürmann, Heinz: Jesu ureigenes Basileia-Verständnis. In: Ders.: Gottes Reich – Jesu Geschick. Jesu ureigener Tod im Licht seiner Basileia-Verkündigung. Freiburg; Basel; Wien 1983. 21–64. Hier 29.

[121] Augstein, Rudolf: Jesus Menschensohn. Hamburg 1999. 292.

[122] Vgl. Metz: Theologie als Theodizee? (Anm. 115). 113. – Ders.: Plädoyer. (Anm. 114). 128–129.

[123] Henrich, Dieter: Grund und Gang spekulativen Denkens. In: Ders. – Horstmann, Rolf-Peter (Hgg.): Metaphysik nach Kant? Stuttgarter Hegel-Kongreß 1987. Stuttgart 1988. 83–120. Hier 118. Vgl. 117–118.

[124] Vgl. dazu auch Müller, Klaus: Theodizee nach Ijob. Eine systematisch-geistliche Betrachtung. In: ThG 38 (1995). 211–222.

[125] Kant: Kritik der reinen Vernunft. B 856–857, A 828–829. (Anm. 29). 693–694.

[126] Vgl. Weischedel, Wilhelm: Der Gott der Philosophen. Grundlegung einer philosophischen Theologie im Zeitalter des Nihilismus. Bd. 1: Wesen, Aufstieg und Verfall der philosophischen Theologie. Darmstadt ²1972. Bd. 2: Abgrenzung und Grundlegung. Darmstadt 1972.

[127] Vgl. dazu Müller, Klaus: Das kirchliche Lehramt und die Philosophie. Eine brisante Beziehung, die zu denken gibt. In: ThGl 90 (2000). 417–432.

[128] Nietzsche, Friedrich: Menschliches, Allzumenschliches. Ein Buch für freie Geister. In: Ders.: Kritische Studienausgabe. Bd. 2. Hrsg. von Giorgio Colli und Mazzino Montinari. Berlin; New York 1999. 13.

[129] Vgl. dazu aus der neueren und neuesten Literatur Weiß, Otto: Der Modernismus in Deutschland. Ein Beitrag zur Theologiegeschichte. Regensburg 1995. – Ders.: Modernismus und Antimodernismus im Dominikanerorden. Zugleich ein Beitrag zum „Sodalitium Pianum". Regensburg 1998. – Hausberger, Karl: Hermann, Schell (1850–1906). Ein Theologenschicksal im Bannkreis der Modernismuskontroverse. Regensburg 1999.

[130] Motu Proprio „Sacrorum antistitum" vom 1. Sept. 1910. In: Denzinger: Kompendium. Nr. 3538. (Anm. 12). 961.

[131] Vgl. dazu Ricken, Friedo (Hg.): Klassische Gottesbeweise in der Sicht der gegenwärtigen Logik und Wissenschaftstheorie. Stuttgart; Berlin; Köln 1991. – Scherb, Jürgen L.: Anselms philosophische Theologie. Programm – Durchführung – Grundlagen. Stuttgart; Berlin; Köln 2000.

[132] Jonas, Hans: Materie, Geist und Schöpfung. Kosmologischer Befund und kosmogonische Vermutung. Frankfurt a.M. 1988. 56.

[133] Ditfurth, Hoimar von: Wir sind nicht nur von dieser Welt. Naturwissenschaften, Religion und Zukunft des Menschen. Hamburg 1981.

[134] Vgl. Ditfurth: Wir sind nicht nur von dieser Welt. (Anm. 133). 144.

[135] Dawkins, Richard: Das egoistische Gen. Übers. von Karin de Sousa Ferreira. Berlin; Heidelberg; New York 1978. 227–228.

[136] Vgl. Dawkins: Das egoistische Gen. (Anm. 135). 233–234.

[137] Dennett, Daniel C.: Darwins gefährliches Erbe. Die Evolution und der Sinn des Lebens. Hamburg 1997.

[138] Vgl. zum Phänomen der Soziobiologie und ihrem Umgang mit der Religion und der Gottesfrage die luziden Analysen von Heinrich, Axel: Soziobiologie als kulturrevolutionäres Programm. Regensburg 2001. (Ratio fidei; 6).

[139] Guitton, Jean – Bogdanov, Grichka – Bogdanov, Igor: Gott und die Wissenschaft. Auf dem Weg zum Metarealismus. Aus dem Französischen von Eva Moldenhauer. München 1992.

[140] Guitton – Bogdanov – Bogdanov: Gott und die Wissenschaft. (Anm. 139). 74.

[141] Vgl. Polkinghorne, John: An Gott glauben im Zeitalter der Naturwissenschaften. Die Theologie eines Physikers. Aus dem Englischen von Gregor Etzelmüller. Gütersloh 2000. 10–31. Hier 10.

[142] Polkinghorne: An Gott glauben. (Anm. 141). 12–13.

[143] Vgl. Kant: Kritik der reinen Vernunft. B 654, A 626. (Anm. 29). 552–553.

[144] Vgl. Breuer, Reinhard: Das anthropische Prinzip. Der Mensch im Fadenkreuz der Naturgesetze. Frankfurt a.M. u.a. 1984.

[145] Polkinghorne: An Gott glauben. (Anm. 141). 18.

[146] Vgl. Polkinghorne: An Gott glauben. (Anm. 141). 20.

[147] Tipler, Frank J.: Die Physik der Unsterblichkeit. Moderne Kosmologie, Gott und die Auferstehung der Toten. Aus dem Amerikanischen von Inge Leipold, Barbara Schaden und Martin Lavelle. München 1995.

[148] Tipler: Physik der Unsterblichkeit. (Anm. 147). 26.

[149] Tipler: Physik der Unsterblichkeit. (Anm. 147). 279.
[150] Pannenberg, Wolfhart: In: Zur Debatte. Themen der Katholischen Akademie in Bayern. 24. Jg. Nr. 5. München Sept./Okt. 1994. 10–11. – Einer der ausgewiesenen Fachleute für den Dialog zwischen Theologie und Naturwissenschaften – Hans-Dieter Mutschler – meinte jedenfalls, Tiplers Opus sei – ungeachtet seines Einrückens in Bestseller-Listen – eines der seltsamsten Bücher, die je erschienen seien, weil es nicht einmal einen Minimalstandard an logischer Konsistenz und rationaler Begründbarkeit erfülle: vgl. Mutschler, Hans-Dieter: Der Legionär auf der Festplatte. Frank J. Tiplers Hirngespinst einer „Physik der Unsterblichkeit". In: Frankfurter Allgemeine Zeitung. Nr. 120 vom 26.5.1994. 10. – Vgl. auch Löw, Reinhard: Die neuen Gottesbeweise. Augsburg 1994. 163–188.
[151] Vgl. dazu von Weizsäcker, Carl F.: Zeit und Wissen. München; Wien 1992.
[152] Zum Folgenden vgl. Swinburne, Richard: Die Existenz Gottes. Aus dem Amerikanischen übers. von Rudolf Ginters. Stuttgart 1987. – „Die Hypothese, daß es einen Gott gibt". Richard Swinburne im Gespräch mit Christoph Jäger. In: Information Philosophie 23 (1995). Heft 2. 32–39. – Runggaldier, Edmund: Swinburnes Deutung des teleologischen Gottesbeweises. In: Ricken: Klassische Gottesbeweise. (Anm. 131). 153–173.
[153] Mackie, John L.: Das Wunder des Theismus. Argumente für und gegen die Existenz Gottes. Aus dem Englischen übers. von Rudolf Ginters. Stuttgart 1985.
[154] Vgl. Stegmüller, Wolfgang: Hauptströmungen der Gegenwartsphilosophie. Eine kritische Einführung. Bd. IV. Stuttgart 1989. 342–518.
[155] Swinburne: Hypothese. (Anm. 152). 33.
[156] Vgl. dazu auch: Über Gott und die Welt. Eduardo Mendieta im Gespräch mit Jürgen Habermas. In: Manemann, Jürgen (Hg.): Befristete Zeit. Münster 1999. (Jahrbuch Politische Theologie; 3). 190–209. Hier bes. 202.
[157] Vgl. dazu Müller, Klaus: Art. „Wahrscheinlichkeit". In: LThK³. Bd. 10. Freiburg; Basel; Rom; Wien 2001. [Im Erscheinen].
[158] Swinburne: Hypothese. (Anm. 152). 34.
[159] Swinburne: Existenz. (Anm. 152). 13.
[160] Swinburne: Existenz. (Anm. 152). 14.
[161] Vgl. Swinburne: Existenz. (Anm. 152). 13–16.
[162] Vgl. Swinburne: Existenz. (Anm. 152). 22–26.
[163] Swinburne: Existenz. (Anm. 152). 24.
[164] Mackie: Wunder. (Anm. 153). 158.
[165] Mackie: Wunder. (Anm. 153). 160.
[166] Swinburne: Existenz. (Anm. 152). 196.
  b = Ordnungsstruktur in der Welt
  h = Hypothese „Gott"
  w = Hintergrundwissen
  $\gg$ = „sehr viel größer als"
[167] Swinburne: Existenz. (Anm. 152). 403.
[168] Bohrer, Karlheinz – Scheel, Kurt: Vorwort zum Sonderheft: „Nach

Gott fragen. Über das Religiöse". In: Merkur 53 (1999). Heft 9/10. 771.

[169] Zu diesem Gottesbegriff vgl. Pannenberg, Wolfhart: Wissenschaftstheorie und Theologie. Frankfurt a.M. 303–329. Hier 304.

Kleines Wörterbuch

Abendländisches Schisma
Kirchenstreit, der dazu führte, dass es phasenweise zwei bzw. drei Päpste nebeneinander gab. Begann mit der Wahl des Gegenpapstes Clemens VII. (1378) und endete erst auf dem Konstanzer Konzil (1417) mit der Wahl Martins V.

Analogie, „Analogia entis"
Wichtiges Lehrstück über die angemessene Rede von Gott, die das Ineinander von Ähnlichkeit und Unähnlichkeit zwischen Gott und den Geschöpfen analysiert. Später wird daraus ein metaphysischer Ansatz („Analogia entis").

Analytisch
s. synthetisch

Analytische Philosophie
Wichtige philosophische Richtung des 20. Jahrhunderts, deren Vertreter nicht die Untersuchung von Dingen, sondern die von Sätzen über die Dinge in den Vordergrund rücken und durch Analyse der Sprache logische Klarheit und methodische Kontrollierbarkeit philosophischer Theorien zu gewinnen suchen.

Anthropisches Prinzip
Vom Faktum bewussten menschlichen Lebens wird zurückgefragt, welche Bedingungen gegeben sein mussten, damit dieses Leben überhaupt hat auftreten können. Die Unwahrscheinlichkeit des gleichzeitigen Auftretens dieser Bedingungen wird dabei zum Ausgangspunkt theologischer Überlegungen gemacht.

Anthropologie, anthropologisch
Philosophische Rede vom Menschen

Anthropomorphismusvorwurf
Vorwurf, dass der Mensch von Gott nur im Blick auf sich selbst redet und ihm das zuschreibt, was er von sich selbst kennt.

Antimodernisteneid
Von 1910 bis 1967 vom kirchlichen Lehramt von allen Theologen verlangte Eidesformel auf die Wahrung bestimmter kirchlicher Lehren, umfasst u. a. auch die Überzeugung von der Beweisbarkeit des Daseins Gottes.

A posteriori
Erfahrungsabhängig

A priori
Erfahrungsunabhängig

Axiom
Grundsatz, der keines Beweises bedarf.

Bedingung der Möglichkeit, Möglichkeitsbedingung
Was gegeben sein muss, damit etwas Bestimmtes existieren oder erkannt werden kann.

Deduktion, deduktiv
Schrittweise Ableitung, die nach logischen Regeln vom Allgemeinen zum Einzelnen fortschreitet.

Dialektischer Schein
Gedanke, der sich als stimmig aufdrängt, aber trotzdem auf einem Fehler beruht.

Empirie, empirisch
Sinnliche Erfahrung

Induktion, induktiv
Schrittweise Erkenntnisgewinnung, die vom Einzelnen ausgehend allgemeingültiges Wissen zu gewinnen sucht.

Kabbala
Jüdische Mystik

Kosmotheologie, kosmotheologisch
Theologie, die ausgehend vom Phänomen des Universums Aussagen über Gott macht.

Kritischer Rationalismus
Einflussreiche Wissenschaftstheorie, für die als wahr gilt, was falsch sein *kann*.

Logischer Positivismus
Erkenntnistheorie, für die es gesichertes Wissen nur im Feld der Logik und auf der Basis sinnlicher Erfahrung gibt.

Mem
Kunstwort aus der Soziobiologie, mit dem kulturelle Elemente (z. B. eine Melodie oder eine religiöse Glaubensüberzeugung) bezeichnet werden, die für die Arterhaltung von Menschen relevant sein sollen.

Metaphysik, metaphysisch
Seit Aristoteles Name für das philosophische Suchen nach ersten Prinzipien und das Fragen nach dem Ganzen der Wirklichkeit.

Nominalismus
Eine Form scholastischen Denkens, die Allgemeinbegriffe nicht als Wirklichkeiten, sondern als Namen auffasst.

Ontologie, ontologisch
Philosophisches Nachdenken über das Seiende, sofern es ist.

Ontologische Differenz
Von Martin Heidegger geprägter Name für den Unterschied zwischen Seiendem und Sein – und für die These, dass das Sein nicht als ein (wenn auch höchstes) Seiendes gedacht werden dürfe.

Ontosemantik, ontosemantisch
Philosophische Lehre vom Seienden, die zugleich die Weise des Redens über diese Seienden im Auge behält.

Ontotheologie, ontotheologisch
Theologie, die Gott als höchstes Seiendes denkt.

Partizipation
Gedanke, dass die konkreten Dinge an einer allgemeinen und höheren Wirklichkeit teilhaben.

Performativ
Entdeckung der Sprachphilosophie, dass Sprechende nicht nur etwas beschreiben oder behaupten, sondern zugleich (mit den verwendeten Ausdrücken) handeln und häufig etwas bewirken (wollen).

Physikotheologie, physikotheologisch
Älterer Name für die Gotteslehre, die ausgehend von Weltwirklichkeiten auf das Dasein Gottes schließt.

Postulat, postulatorisch
Forderung, dass sich etwas so und so verhalten muss, ohne dass dafür ein Beweis erbracht werden kann.

Realismus, wissenschaftstheoretischer
Annahme, dass wissenschaftlichen Erkenntnissen die Verfassung der untersuchten Wirklichkeiten entspricht.

Reductio ad absurdum
Verfahren, mit dessen Hilfe etwas dadurch begründet wird, dass sein Gegenteil als unmöglich ausgeschlossen wird.

Regressus in infinitum
Endloser Rückgang einer Argumentation, weil ein Schritt für seine Sicherung den gleichen Schritt nochmals voraussetzt usw.

Selbstmitteilung Gottes
Ein von Karl Rahner geprägter Name für Offenbarung, der besagt, dass Gott nicht irgend etwas (z. B. Gebote oder Vorschriften), sondern sein eigenes Wesen und Geheimnis dem Menschen zugänglich macht.

Sittengesetz, sittliches Sollen
Erfahrung des unbedingten Gewissenserlebnisses, das Gute zu tun.

Sollensevidenz
Spontanes Bewusstsein des Sittengesetzes.

Sprachphilosophie
Seit Platon immer wieder unternommene Versuche, die Beziehungen zwischen Wort und Gedanke, Wort und sprachlichem Zeichen sowie Wort und (benanntem) Ding aufzuklären.

Synthetisch, analytisch
Synthetisch sind Urteile (Sätze), die im Prädikat etwas ausdrücken, was noch nicht zum Begriff des Satz-Subjekts gehört; analytische Urteile (Sätze) entfalten an der Prädikatstelle etwas zum Begriff des Satz-Subjekts Gehöriges.

Teleologie, teleologisch
Zielgerichtetheit und Ordnung der weltlichen Wirklichkeiten, die auf einen Urheber dieses Geordnetseins schließen lassen.

Theismus, Theistische Hypothese
Annahme eines personalen Gottes.

Theodizee
Rechtfertigung Gottes angesichts der Übel und des Bösen in der Welt.

Theodizee-Empfindlichkeit
Von Johann B. Metz erhobene Forderung, dass die Erfahrung von Leid und Schmerz nicht durch die überzogene Rede vom Gott der Liebe übertüncht werden dürfe und vor Gott auch der Schrei und die Klage ihr Recht haben.

Transzendentallogisch, transzendentalgenetisch
Freilegung der Ermöglichungsbedingungen eines Gedankens, die zugleich seine Gültigkeit einsichtig macht; transzendentalgenetisch heißt die Aufklärung des Zustandekommens dieses Gedankens.

Unhintergehbarkeit
Ein Gedanke ist unterhintergehbar, wenn er – ist er gefasst – nicht mehr widerlegt werden kann und auch nicht nochmals bewiesen zu werden braucht.

Auswahlbibliographie

Brugger, Walter: Summe einer philosophischen Gotteslehre. München 1979 (583 S.). – Das letzte klassisch-neuscholastische Lehrbuch der philosophischen Gotteslehre. Alle neuzeitlichen Anfragen werden abgewiesen und gegen sie Antworten aus dem Geist neuscholastischen Philosophierens in Stellung gebracht.

Fischer, Norbert: Die philosophische Frage nach Gott. Ein Gang durch ihre Stationen. Paderborn 1995 (496 S.). – Sehr detaillierte, bisweilen umwegige Darstellung philosophischer Bemühungen um die Gottesfrage.

Henrich, Dieter: Der ontologische Gottesbeweis. Sein Problem und seine Geschichte. Tübingen 1960 (274 S.). – Ein Klassiker, der nicht nur das zu verhandelnde Argument durcharbeitet, sondern die Leistungsfähigkeit idealistischen Philosophierens als solches zur Geltung bringt.

Huonder, Quirin: Die Gottesbeweise. Geschichte und Schicksal. Stuttgart 1968 (185 S.). – Eine sorgfältige Darstellung der traditionellen Argumente.

Jäger, Christoph (Hg.): Analytische Religionsphilosophie. Paderborn u.a. 1998 (375 S.). – Bietet neben einer umfänglichen Einleitung die wichtigsten Texte analytischer Herkunft zur Gottesbeweisthematik

Küng, Hans: Existiert Gott? Antwort auf die Gottesfrage der Neuzeit. München; Zürich 1995 (878 S.). – Eine umfängliche Analyse aller wichtigen philosophisch-theologischen Vergewisserungen bezüglich der Existenz Gottes.

Löffler, Winfried: Notwendigkeit, S_5 und Gott. Das Ontologische Argument für die Existenz Gottes in der zeitgenössischen Modallogik. Münster 2000 (125 S.). – Der Band zeigt exemplarisch, wie zeitgenössische philosophische Logik mit einem klassischen Argument umgeht.

Löw, Reinhard: Die neuen Gottesbeweise. Augsburg 1994 (207 S.). – Eine scharfe Kritik der wichtigsten naturwissenschaftlich gestützten Gottesbeweise der Gegenwart.

Mackie, John L.: Das Wunder des Theismus. Argumente für und gegen die Existenz Gottes. Aus dem Englischen übers. von Rudolf Ginters. Stuttgart 1985 (424 S.). – Ein scharfsinniger Einspruch gegen jedes Unternehmen einer philosophischen Theologie, das zu kritischen Anfragen bezüglich seiner selbst herausfordert.

Muck, Otto: Philosophische Gotteslehre. Düsseldorf ²1990 (191 S.). – Eine kreative Skizze der klassischen Argumente, die sich zugleich bemüht, ihren scholastischen Grundduktus mit Elementen neuzeitlichen Philosophierens zu vermitteln.

Müller, Klaus: Thomas von Aquins Theorie und Praxis der Analogie. Der Streit um das rechte Vorurteil und die Analyse einer aufschlußreichen Diskrepanz in der „Summa theologiae". Frankfurt a.M. u. a. 1983 (368 S.). – Enthält u.a. eine Neuinterpretation der „Fünf Wege" des Thomas von Aquin, die deren sprachphilosophische Dimension in den Mittelpunkt der Überlegungen stellt.

Müller, Klaus: Philosophische Grundfragen der Theologie. Eine propädeutische Enzyklopädie mit Quellentexten. Münster 2000 (413 S.). S. 351–404. – Benennt die Motivquellen aller klassischen Gottesbeweise, analysiert diese und bietet eine mit Quellentexten ausgestattete Übersicht zu den zeitgenössischen Argumentationsformen.

Müller, Klaus: Gottes Dasein denken. Regensburg 2001 (ca. 190 S.). – Entwurf einer philosophischen Gotteslehre, die das Aufkommen dieses Themas nachzeichnet, die klassischen Argumente kritisch durchbuchstabiert und auf dieser Basis einen eigenständigen Theorievorschlag aus dem Geist einer sprachanalytisch modifizierten Subjektphilosophie wagt.

Ricken, Friedo (Hg.): Klassische Gottesbeweise in der Sicht der gegenwärtigen Logik und Wissenschaftstheorie. Stuttgart; Berlin; Köln ²1998 (232 S.). – In den Beiträgen des Bandes werden zeitgenössische Kritiken und Reformulierungen der klassischen Argumente geboten

Rohls, Jan: Theologie und Metaphysik. Der ontologische Gottesbeweis und seine Kritiker. Gütersloh 1987 (654 S.). – Eine umfassende Darstellung der Geschichte und Rezeptionen des ontologischen Arguments.

Scherer, Georg: Die Frage nach Gott. Philosophische Betrachtungen. Darmstadt 2001. – Der Autor reformuliert die Gottesfrage in den Kategorien der Sinnfrage und Sinnerfahrung und entwickelt eine Art Gottesbeweis aus dem Sinnbegriff.

Swinburne, Richard: Die Existenz Gottes. Aus dem Amerikanischen übers. von Rudolf Ginters. Stuttgart 1987 (414 S.). – Eine zeitgenössische philosophische Gotteslehre, die etliche der klassischen Denkfiguren aufgreift und in wahrscheinlichkeitstheoretischer Perspektive in einem neuen kumulativen Argument zusammenführt.

Weischedel, Wilhelm: Der Gott der Philosophen. Grundlegung einer philosophischen Theologie im Zeitalter des Nihilismus. Zwei Bände in einem Band. Darmstadt 2001 (793 S.). – Ein Klassiker der philosophischen Gotteslehre, der sich durch die Quellenkenntnis des Autors auszeichnet, jedoch systematisch gesehen in eine skeptische Position mündet.

Weissmahr, Béla: Philosophische Gotteslehre. Stuttgart u. a. ²1994 (174 S.). – Eine Übersicht zu den klassischen Argumenten.

Wieckowski, Bartosz: Gott in möglichen Welten. Eine Analyse des modalen ontologischen Arguments für die Existenz Gottes von Alvin Plantinga. Münster 1999 (112 S.). – Nochmals ein Beispiel (neben der Arbeit von W. Löffler; s.o.), auf welches philosophische Niveau zeitgenössische Debatten klassischer Argumente führen können.

Bildnachweis

S. 35: Thomas von Aquin. Gemälde von Sandro Botticelli (1444/45–1510). Zürich, Sammlung Abegg Stockar. Foto: AKG Berlin.
S. 47: Anselm von Canterbury. Kupferstich von André Thevet (1504–1592). Aus: Les vrais Pourtraits et Vies des Hommes illustres, 1584. Foto: AKG Berlin.
S. 53: René Descartes. Stahlstich von C. Barth nach einer Zeichnung von Peter Schenk. Foto: Bildarchiv Preußischer Kulturbesitz, Berlin.
S. 59: Immanuel Kant. Holzstich von Adolf Neumann nach einem Gemälde von Becker, 1768. Foto: Bildarchiv Preußischer Kulturbesitz, Berlin.

Register

Albert, H. 102
Allmacht 70, 95, 99
Analogia entis 14
Analogie 44, 77, 83, 103
Analytisch 57, 59, 80, 102–103
Anselm von Canterbury 28, 31, 43, 46–51, 53, 56, 62–63, 66–70, 110
Antimodernisteneid 93
Aristoteles 18, 27–28, 32, 42–44
Atheismus 87, 103
Auferstehung 100
Augstein, R. 89
Augustinus 19, 30–31, 39, 43, 86, 89

Barth, K. 14–15, 18–19
Bayern 105
Beweger, unbewegter 36, 38
Beweisbarkeit 22–23
Bogdanov, G. 97
Bogdanov, I. 97

Capra, F. 101
Carnap, R. 17
Chesterton, G.K. 9
Cicero 28

Dalferth, I.U. 72
Darwin, C. 45, 97–98
Davies, P. 101
Dawkins, R. 98
Deduktion, deduktiv 56, 75, 105
Dennett, D.C. 97
Descartes, R. 51–57, 60, 70
Ditfurth, H. v. 95

Eigenschaften Gottes 13–14, 70, 77–78, 102, 112
Erfahrung 16, 25, 32, 43, 74–78, 80, 84–85, 87–88, 91, 115
Erfahrung, religiöse 22, 108, 114
Ethik, praktische Vernunft 16, 44, 60, 79–85, 95

Evolution 95–96, 98–99, 111
Existenzbegriff 65

Fichte, J. G. 10, 85
Frege, G. 65–69
Freiheit 72, 76, 80–82, 84–85, 87, 89, 91, 95

Gebet 46, 64, 89
Glauben 10–11, 13–14, 22, 25, 37, 48–49, 64, 89, 91–92, 96
Gödel, K. 23
Goethe, J.W.v. 17
Gottesbeweis, axiologischer 30
Gottesbeweis, deontologischer 33
Gottesbeweis, ethikotheologischer 33
Gottesbeweis, ethnologischer 28
Gottesbeweis, eudaimologischer 30
Gottesbeweis, historischer 28
Gottesbeweis, ideologischer 30
Gottesbeweis, kosmologischer 10, 32–33, 54, 73–75, 94–102, 107–109, 111–112
Gottesbeweis, moralischer 32, 73–86, 91
Gottesbeweis, noetischer 30–31
Gottesbeweis, nomologischer 30
Gottesbeweis, ontologischer 32–33, 46–72, 73–75, 93–94
Gottesbeweis, physikotheologischer 32–33, 73–75
Gottesbeweis, teleologischer 32, 44–45, 73, 108, 111, 113–114
Guitton, J. 97

Hartshorne, C. 65
Hawking, S. 101
Hegel, G.W.F 16, 29, 93
Heidegger, M. 17–21, 94
Henrich, D. 90
Husserl, E. 10, 18

Ijob 86, 88, 90
Induktion, induktiv 29, 104–109, 114

Jonas, H. 21, 94–95

Kabbala, jüdische Mystik 95, 100
Kant, I. 16, 28, 32–33, 42, 44–45, 50–51, 57–62, 64, 72–88, 90–93, 98, 111
Kategorischer Imperativ 81–82
Kosmotheologie 76
Kritischer Rationalismus 102

Leibniz, G.W. 31, 42, 86–88, 110
Lessing, G.E. 16
Logischer Empirismus 17
Logischer Positivismus 102
Löwith, K. 10
Luther, M. 19

Mackie, J.L. 65, 71–72, 102, 104, 108–110, 112–113
Malcolm, N. 65
Maréchal, J. 30
Meister Eckhart 11
Mem, Meme 96
Mendelssohn, M. 42, 84
Metaphysikkritik 17–18
Metz, J.B. 88–90
Moraltheologie 77, 79, 92
Moses ben Maimon 42, 86

Naturwissenschaft, naturwissenschaftlich 94–101, 103, 112
Neopositivismus 17
Neuscholastik, neuscholastisch 14–15, 30
Nietzsche, F. 17, 93
Nikolaus von Kues 70, 86

Offenbarung, Offenbarungstheologie 10, 13–14, 72
Ontosemantik, ontosemantisch 37
Ontotheologie, ontotheologisch 18, 20, 77

Pannenberg, W. 100
Parmenides 42
Pascal, B. 10
Paulus 19
Philosophie, analytische 64–72, 163
Plantinga, A. 65, 69–72
Platon 17, 27–28, 30, 32, 42, 44
Plotin 30, 42
Polkinghorne, J. 97–100
Postulat, postulatorisch 16, 84–86, 90

Rahner, K. 30
Reductio ad absurdum 67, 69
Regressus in infinitum 27, 36
Russell, B. 64

Schöpfung, Schöpfer 39–40, 51, 88, 95–97, 101, 110–111
Selbstvergewisserung der Glaubenden 19, 24–25, 64
Sittengesetz 80–85, 91–92
Sokrates 27, 105
Sollen, sittliches 45, 60–61, 81, 84–85, 87, 92
Soziobiologie 96
Spinoza, B. 85
Stegmüller, W. 102, 104
Stoa 28, 44
Strauss, L. 10
Strawson, P.F. 64
Suarez, F. 13, 41
Subjektivität, Subjekt 39, 45, 51–54, 60, 62, 80, 83–84, 92
Swinburne, R. 102–115
Synthetisch 57, 59–60, 78, 80

Theismus 102, 114
Theodizee 39, 86–90
Theologie, dialektische 14
Theologie, natürliche 13–15, 19, 28, 77, 99–100
Theologie, philosophische 13, 15, 18–19, 21, 33, 44, 72–79, 82, 85–86, 90–92, 95, 102–104
Thomas von Aquin 23, 28, 30–32, 34–45, 50, 63–64, 66, 86, 104
Tipler, F.J. 100

Trinität, trinitarisch 89

Vollkommenheit 66, 70, 74, 77, 86–87

Wahrscheinlichkeit 97, 99–100, 102–115
Weil, S. 11
Weischedel, W. 91–92

Weizsäcker, C.F.v. 101
Wissen 10, 51, 53–56, 75–79, 87, 91, 108–110, 113
Wittgenstein, L. 29, 37, 88
Wolff, C. 42

Xenophon 27

Zweifel 53–54, 61

Topos plus positionen

Herausgegeben von Wolfgang Beinert

Judith Müller
Im Dienst der Kirche Christi
Zum Verständnis des
kirchlichen Amtes heute
ISBN 3-7867-8358-6

In einer sich verändernden Kirche inmitten einer komplexen Gesellschaft kann auch das Priesteramt nicht bleiben wie es ist. Welchen Spielraum hat die Kirche bei der Gestaltung der Ämter?

Peter Lüning
**Ökumene an der Schwelle
zum dritten Jahrtausend**
ISBN 3-7867-8357-8

Der „Führer durch die Ökumene" (Rhein. Merkur) gibt eine allgemeinverständliche Einführung in den Begriff der Ökumene, die Geschichte der ökumenischen Bewegung sowie in ihre einzelnen Sachthemen.

Wolfgang Beinert
Tod und jenseits des Todes
ISBN 3-7867-8355-1

Der Tod geht alle an und er geht alle immer an, obwohl keiner ihn erleben wird. Was ist der Tod? Und was kommt jenseits des Todes?

Herausgegeben von Wolfgang Beinert

Sabine Demel
Mitmachen – Mitreden – Mitbestimmen
Grundlagen, Möglichkeiten und Grenzen
in der katholischen Kirche
ISBN 3-7867-8379-9

Welches Ausmaß an Mitwirkung, Mitsprache und Mitverantwortung kann, darf und muss es in der katholischen Kirche geben?

Wolfgang Klausnitzer
Jesus von Nazaret
Lehrer – Messias – Gottessohn
ISBN 3-7867-8381-0

Der Mann aus einem unbedeutenden Städtchen in Nord-Israel fasziniert Menschen seit 2000 Jahren, nicht nur in den Kirchen und nicht nur Christen. Was macht die Faszination dieses Mannes aus?

Dietrich Wiederkehr
Zeugen der Freiheit
Bewährung christlicher Glaubwürdigkeit
ISBN 3-7867-8356-X

Wie bewährt sich das christliche Freiheitszeugnis heute in der Erziehung, in der Gleichberechtigung von Frauen und Männern, in politischen, wirtschaftlichen, gesellschaftlichen Strukturen, in der Kirche?